Valores Socioculturales
en México y
América Latina

Valores Socioculturales en México y América Latina

Gabriel Romeu Adalid

Para ordenar copias adicionales de este libro, contactar:
Palibrio
1-877-407-5847
www.Palibrio.com
ordenes@palibrio.com
353824

Contents

Presentación...9

Capítulo 1
La existencia de la nación y la nacionalidad mexicana..13

Introducción...13

1. ¿Existe en realidad la nación mexicana en la historia? 14

2. Términos clave sobre el contexto histórico 16

2.1 El término Latino América 17

3. La raza y lo étnico mexicano..20

4. Elementos esenciales de configuración, por sus cambios,
   de la realidad mexicana a través de los siglos...20

4.1. Los cuatro períodos de su devenir como nacionalidad y los factores
     analíticos esenciales de México...21

Conclusion 25

Actividad de aprendizaje 1.1 Crítica al texto "la existencia de la nación
y nacionalidad mexicana"...26

Nota bibliográfica 27

Capítulo 2
Lo social en general 28

Introducción...28

1. Las relaciones sociales 29

1.1 La interacción...29

1.2 ¿Qué es la amistad? 30

1.3 ¿Qué es la solidaridad social? 32

1.4 Unidad Significativa Real de Solidaridad 32

2. Principios de parentesco y tipos de familia................................. 36

3. El envejecimiento social y sus consecuencias 38

3.1 Tiempo social: patrones de historias y ciclos de vida: aprendizaje, producción-reproducción y retiro.. 39

Conclusión... 41

Actividad de aprendizaje 2.1: "Mi red de relaciones, instrumentales, afectivas y de amistad (confianza)". 42

Ayer y hoy: relaciones dentro de las esferas de interacción: 42

Actividad de aprendizaje 2.2: Ejercicio de percepción grupal sobre el sistema familiar. 42

Actividad de Aprendizaje 2.3: Reaccionando ante Situaciones de Pareja.................. 43

Actividad de aprendizaje 2.4: Debate social sobre la seguridad social 45

Nota bibliográfica 45

Capítulo 3
La política en México.. 46

Introducción... 46

1. Esquema Constitucional Mexicano 47

La Soberanía Nacional 47

La República 48

Democracia... 48

División del Poder Supremo... 49

La Representación Política 49

Organización Política del Estado Mexicano 50

Naturaleza del Estado Federal Mexicano 50

Estructura e Integración del Poder Público....................................... 50

Naturaleza y Características del Poder Legislativo Federal 51

Integración.. 51

2. Teoría general de la evolución política de las naciones en proceso
    de cambio y el caso mexicano.. 52

2.1 Discusión teórica sobre la evolución política de manera sumaria........................ 52

2.2 Momentos de configuración de la evolución política en general 53

3. Aplicación de la teoría a la evolución política mexicana 54

4. Cultura política y cívica de los mexicanos 56

Conclusiones... 61

Apéndice 63

Actividad de aprendizaje 3.1: Debatiendo los principios políticos
fundamentales del Estado Mexicano 66

Actividad de aprendizaje 3.2: Antidemocracia: "Mapachismo", "Moshismo"
Verborreismo y sus neutralizantes:... 67

Actividad de aprendizaje 3.3: Nacionalismo del Siglo XXI
(Voluntad de ser demócrata mexicano). 67

Actividad de aprendizaje 3.4: Fincando responsabilidades por
el "Error de Diciembre"... 68

Nota bibliográfica 69

Capítulo 4
Cuba: Un acercamiento politológico.. 70

Introducción.. 70

1. El lugar y el líder.. 70

2. Hechos conocidos de la realidad cubana contemporanea 73

3. Estructura politica cubana... 74

4. Sistema de valores y apreciativo cubano... 76

5. Costos y beneficios del proceso cubano 78

6. Qué dirían bolívar y marx del proceso cubano... 81

Conclusion 83

Actividad de aprendizaje 4.1 Critica al texto: "Cuba:
un acercamiento politológico". 84

Nota bibliográfica 85

Capítulo 5
Chile: otro acercamiento politológico 86

Introducción.. 86

1.   Como va chile va el mundo 86

2.   El proyecto triunfante 91

3.   Fenómenos socioculturales creados por la revolución capitalista chilena 94

Conclusión 96

Actividad de aprendizaje 5.1 Crítica del texto: "Chile: otro acercamiento plitológico"97

Sesión de planteamiento de dudas, objeciones o suspensión de juicios. 97

Nota bibliográfica 98

Capítulo 6
Los valores consenso.. 99

Introducción.. 99

1.   Antecedentes 100

2.   Axiología y psicología social.. 104

3.   Acercamiento a la ética 109

3.1 Algunos puntos a considerar.. 109

Conclusion 112

Actividad multietapa de aprendizaje 6.1 "Integrando los niveles de valoración"...... 113

Nota bibliográfica 118

Palabras finales.. 119

Apéndice general.. 121

Modelos de actividades de aprendizaje 121

Bibliografía general.. 123

Presentación

La democratización de Latino América así como las revoluciones de terciopelo en Europa del Este, ambas terminando el siglo XX, adecuan la cultura de los pueblos a las nuevas instituciones con una velocidad sorprendente. Se observa un aprendizaje, tanto de los adultos como de los jóvenes; aprendizaje entendido como el ajuste de la cultura política y social con los procesos electorales, la competencia entre partidos y el mercado. Este aprendizaje necesita ser reforzado y a ello se dedica la serie de ensayos aquí contenidos, los cuales tratan sobre temas centrales y decisivos. Se ofrecen a las comunidades académicas acompañados de propuestas de actividades grupales orientadas a la mayor comprensión de las ideas centrales por la luz de la práctica socrática de hacer parir en los participantes la comprensión esencial de los grandes temas; practica socrática llamada mayéutica.

La mayéutica parece ser la respuesta a las necesidades de educación y pedagógicas dentro del contexto latinoamericano y mexicano en particular, el cual plantea las siguientes preguntas:

¿Cómo estructurar la actividad en grupos de aprendizaje que conduzcan a la adecuación de creencias, valores, normas, con los perfiles de la sociedad y la política del siglo XXI? ¿Cuál es el universo valorativo que se descubre en el ámbito de la docencia de los temas ya clásicos dentro de las ciencias sociales y las humanidades en un contexto de revolución tecnológica y procesos de profesionalización en ingeniería, negocios, comunicaciones, administración, derecho y relaciones internacionales entre otros?

¿Cuáles son los temas analíticos que permitan la reflexión conducente a una evolución en los valores y prácticas socioculturales de los adultos y de las nuevas generaciones?

El método socrático parece el inicio de la solución a las interrogantes y problemas arriba planteados debido a los siguientes elementos constitutivos de la mayéutica:

- Aprendizaje por medio de preguntas y respuestas
- Dialéctica negativa: cuestionamiento de las debilidades en la comprensión
- Comprensión ampliada de valores e ideas fuerza dominantes
- Grupos pequeños o medianos en sesiones de dos horas

Los seis ensayos que se ofrecen identifican algunos de los temas más importantes para socialmente cumplir la adecuación de la cultura política y social a las condiciones cambiantes y viceversa: la cultura política y social actuando sobre las instituciones.

El nivel de generalidad y la pretensión teórica de cada ensayo es alto. Con todo, se quiere con ellos combinar el interés en conocer los contextos históricos con reflexión filosófica sobre valores con la finalidad de ser útil para orientar y aclarar ideas sociales y políticas a las nuevas generaciones y a los adultos. El propósito es propiciar en las comunidades académicas de México y ¿por qué no? de otras naciones hermanas, por efecto del modelo de actividades propuestas y los contenidos de los ensayos, una reflexión sobre los hechos, creencias, valores, aspiraciones y normas en orden de llevar, a quien decida leer este texto, a relaciones propias y llenas de significado con su verdadero estado social y político; y hacerlo de manera grupal.

Sin dejar de ser arbitraria la selección de temas de los seis ensayos, los ejes de pensamiento y discusión propuestos son clásicos en el sentido de que son abordados regularmente en las aulas como elementos de un análisis sobre las realidades problemáticas de México y América Latina. Estos ejes o líneas analíticas son las siguientes: perspectiva histórica, la sociedad, la política, las revoluciones y la reflexión ética.

El primer ensayo lleva a la reflexión sobre la historia; se trata de una reflexión la cual conduce al final del día a la comprensión del cambio social en la identidad nacional y, en ese sentido, hay el propósito de hacer parir entre las comunidades académicas una identidad nacional de nueva factura, concepto que después será definido; una identidad nacional motivadora que tanta falta hace.

El ensayo dos: es el análisis sobre asuntos de la sociedad, de lo social, que requieren de la mayéutica para comprender la evolución sociocultural manifiesta en la igualdad entre el hombre y la mujer; como también para comprender el *nuevo tiempo social* generacional, entendiendo por tiempo social los ritmos derivados en gran parte del aumento en la esperanza de vida y sus causas. Con respecto a lo social, se quiere hacer nacer la confianza interpersonal y la solidaridad.

El tercer ensayo toca la evolución política en torno a la relación entre cultura y estructura política, reflejada, en el caso mexicano, en la transformación desde una concentración del poder a la dispersión del mismo

- Aprendizaje por medio de preguntas y respuestas
- Dialéctica negativa: cuestionamiento de las debilidades en la comprensión
- Comprensión ampliada de valores e ideas fuerza dominantes
- Grupos pequeños o medianos en sesiones de dos horas

Los seis ensayos que se ofrecen identifican algunos de los temas más importantes para socialmente cumplir la adecuación de la cultura política y social a las condiciones cambiantes y viceversa: la cultura política y social actuando sobre las instituciones.

El nivel de generalidad y la pretensión teórica de cada ensayo es alto. Con todo, se quiere con ellos combinar el interés en conocer los contextos históricos con reflexión filosófica sobre valores con la finalidad de ser útil para orientar y aclarar ideas sociales y políticas a las nuevas generaciones y a los adultos. El propósito es propiciar en las comunidades académicas de México y ¿por qué no? de otras naciones hermanas, por efecto del modelo de actividades propuestas y los contenidos de los ensayos, una reflexión sobre los hechos, creencias, valores, aspiraciones y normas en orden de llevar, a quien decida leer este texto, a relaciones propias y llenas de significado con su verdadero estado social y político; y hacerlo de manera grupal.

Sin dejar de ser arbitraria la selección de temas de los seis ensayos, los ejes de pensamiento y discusión propuestos son clásicos en el sentido de que son abordados regularmente en las aulas como elementos de un análisis sobre las realidades problemáticas de México y América Latina. Estos ejes o líneas analíticas son las siguientes: perspectiva histórica, la sociedad, la política, las revoluciones y la reflexión ética.

El primer ensayo lleva a la reflexión sobre la historia; se trata de una reflexión la cual conduce al final del día a la comprensión del cambio social en la identidad nacional y, en ese sentido, hay el propósito de hacer parir entre las comunidades académicas una identidad nacional de nueva factura, concepto que después será definido; una identidad nacional motivadora que tanta falta hace.

El ensayo dos: es el análisis sobre asuntos de la sociedad, de lo social, que requieren de la mayéutica para comprender la evolución sociocultural manifiesta en la igualdad entre el hombre y la mujer; como también para comprender el *nuevo tiempo social* generacional, entendiendo por tiempo social los ritmos derivados en gran parte del aumento en la esperanza de vida y sus causas. Con respecto a lo social, se quiere hacer nacer la confianza interpersonal y la solidaridad.

El tercer ensayo toca la evolución política en torno a la relación entre cultura y estructura política, reflejada, en el caso mexicano, en la transformación desde una concentración del poder a la dispersión del mismo

Presentación

La democratización de Latino América así como las revoluciones de terciopelo en Europa del Este, ambas terminando el siglo XX, adecuan la cultura de los pueblos a las nuevas instituciones con una velocidad sorprendente. Se observa un aprendizaje, tanto de los adultos como de los jóvenes; aprendizaje entendido como el ajuste de la cultura política y social con los procesos electorales, la competencia entre partidos y el mercado. Este aprendizaje necesita ser reforzado y a ello se dedica la serie de ensayos aquí contenidos, los cuales tratan sobre temas centrales y decisivos. Se ofrecen a las comunidades académicas acompañados de propuestas de actividades grupales orientadas a la mayor comprensión de las ideas centrales por la luz de la práctica socrática de hacer parir en los participantes la comprensión esencial de los grandes temas; practica socrática llamada mayéutica.

La mayéutica parece ser la respuesta a las necesidades de educación y pedagógicas dentro del contexto latinoamericano y mexicano en particular, el cual plantea las siguientes preguntas:

¿Cómo estructurar la actividad en grupos de aprendizaje que conduzcan a la adecuación de creencias, valores, normas, con los perfiles de la sociedad y la política del siglo XXI? ¿Cuál es el universo valorativo que se descubre en el ámbito de la docencia de los temas ya clásicos dentro de las ciencias sociales y las humanidades en un contexto de revolución tecnológica y procesos de profesionalización en ingeniería, negocios, comunicaciones, administración, derecho y relaciones internacionales entre otros?

¿Cuáles son los temas analíticos que permitan la reflexión conducente a una evolución en los valores y prácticas socioculturales de los adultos y de las nuevas generaciones?

El método socrático parece el inicio de la solución a las interrogantes y problemas arriba planteados debido a los siguientes elementos constitutivos de la mayéutica:

asociada a los sistemas de partido y electoral; esta lectura y sus actividades compele con provecho a las comunidades académicas para adentrarse en una reflexión que haga emerger en los participantes la idea y la práctica del poder del individuo ciudadano-consumidor intelectualmente activo y asociado: la construcción de la ciudadanía.

Los ensayos cuatro y cinco, nos acercan a las revoluciones latinoamericanas recientes, las cuales serán abordadas en contrapunto: la revolución socialista cubana y la revolución individualista chilena; estatismo versus libre mercado a ultranza. Se quiere hacer nacer en las comunidades académicas la visión de la ejemplaridad y enseñanzas contenida en la comprensión de semejantes procesos contemporáneos, los cuales marcan y dan su sello a la región y al mundo.

Por último, el ensayo seis versa sobre la categoría de "valores" como central y fundamental de una cosmos-visión o propuesta ética en tanto brújula de preferencias y esfuerzo normativo por la realización de valores ideales que son, por lo mismo, deseables: el consenso para la integración social, en el sentido de la abundancia, la justicia, la verdad y la belleza, la libertad y la igualdad, entre otros ideales; valores en que haya consenso los cuales las comunidades académicas mismas deberán hacer emerger y crear consenso.

Este es el contenido; y se recomienda realizar las actividades propuestas en cada capítulo, pues esto ayuda tanto a la lectura del texto como al propósito didáctico que anima a la mayéutica de los valores socioculturales.

Capítulo 1

La existencia de la nación y la nacionalidad mexicana

INTRODUCCIÓN

La idea de nación y nacionalidad originaria mexicana resucita viejas discusiones con quienes opinan que primero fue el Estado y que éste creó la nación mexicana; con aquellos intérpretes de la historia de México vista sólo como parte de la historia ibérica más amplia; también con quines establecen periodos diversos y que opinan que la nación-nacionalismo se va o debe ir diluyendo y por ello es inútil renovarlo.

La historia o memoria colectiva es la experiencia sociopolítica de un pueblo. Es útil en el quehacer de los analistas e historiadores y para todos los ciudadanos, a fin de no cometer los mismos errores en vista del presente y con miras al futuro.

La historia nacional mexicana genera la identidad en las personas y grupos a través del proceso de socialización; una trágica historia, también comedia, como expresó Rufino Tamayo; y a la vez brillante y heroica en grado sumo.

El propósito de este capítulo es demostrar la realidad de los elementos esenciales constitutivos de la nacionalidad mexicana a través de los siglos. Se busca trazar los ejes de discusión para repensar la constitución real de la nación mexicana. Se discute en lo conceptual y en lo real histórico de la relación entre la Nación y el Estado, y se observa el contexto iberoamericano del origen y desarrollo de la nación mexicana. Resulta que la historia en sí de la nación es ineludible e imprescindible; y se deben tratar siempre en un estudio de los valores socioculturales conviniendo que sea de entrada.

Se orientarán las líneas siguientes con la pregunta sobre las esencias: ¿Cuáles son los elementos constitutivos del ser nacional dentro de cada período, y cuándo adquieren cada uno el mayor peso y generan la mayor controversia sobre la marcha de los sucesos? Se comienza el capítulo, en consecuencia reflexionando sobre la realidad esencial de la nación mexicana.

1. ¿EXISTE EN REALIDAD LA NACIÓN MEXICANA EN LA HISTORIA?

Hablar de "identidad nacional" es una imprecisión de términos; sí tiene sentido, en cambio, hablar de la identidad de la nación mexicana o cualquier otra. Para referirse al modo de ser de los pobladores de un territorio que forman una comunidad nacional, existe el término preciso de idiosincrasia. No es en broma cuando se discuten los rasgos de un alma colectiva—idea romántica muy atractiva—un espíritu del pueblo o conciencia colectiva encarnada en la nación. Asumiendo que existe esa entidad espiritual, idiosincrasia de los mexicanos y nacional, ¿cuándo se formó? Se ve que la nacionalidad es medio moral, lengua en evolución, raza o combinación racial, costumbres, normas, y solidaridad; semejante ser llega a un punto de componer una personalidad colectiva, una persona moral que se autodetermina: ejerce su voluntad, crea su proyecto y se renueva generación tras generación. Una memoria colectiva con una voluntad y deseo de continuar unidos son condiciones necesarias para la existencia de una nación

Entonces ¿Cuándo se formó la persona moral de la nación mexicana? Se duda si en verdad existe una esencia de la nación mexicana a través de los siglos desde el mundo mesoamericano; o acaso desde la independencia y el grito de Dolores; posiblemente con la Reforma Liberal o sólo con la Revolución Mexicana. En el extremo, hay nacionalidad hasta el 2 de julio del 2000.

Para los católicos conservadores, fue la aparición de Nuestra señora de Guadalupe y su reconocimiento, como patrona principal, por las élites criollas propietarias e intelectuales, el momento de expresión con existencia real de la nacionalidad mexicana.

Ahora bien, aceptado que llega a existir una nacionalidad con elementos como la lengua, el territorio, las costumbres, la raza y el pasado común y memoria colectiva de lo político, más un deseo de convivir en paz. Se puede aún ser románticos por un momento y pensar en la existencia de un alma colectiva, de un espíritu o esencia de la nación y nacionalidad la cual se manifestaría a través de los siglos. ¿Es esa alma la fuente de la identidad?

Hablar de identidad y usar el adjetivo "nacional", es oscuro; tiene sentido, se dijo ya, analizar la identidad de la nación mexicana. Haciendo tangibles estas definiciones, México es una nacionalidad y en algún momento de su devenir se convirtió en una nación. Porque una nacionalidad cuando adquiere independencia y voluntad propia además de proyecto aún siendo este difuso, al crear un gobierno y régimen, entonces es una nación. Hay la posibilidad para cualquier nación, sufrir una invasión a manos de una potencia militar y su régimen ser destruido y su gobierno depuesto; pero la nacionalidad es como el ave fénix, subyace y resucita tan pronto como reconstruya su voluntad política y gobierno, emanado de su nacionalidad, en un nuevo régimen y por tanto nación.

De igual importancia es la precisión sobre cómo en cada punto del tiempo cristalizan los elementos de la nacionalidad; típicos en el caso mexicano son la raza mestiza, con tipos puros europeos, de un lado, y en el otro, tipos indígenas también puros; el territorio mesoamericano; la lengua evolucionando desde el latín vulgar con elementos nahoas; la memoria colectiva de sus cuatro grandes crisis en su ser y devenir; las costumbres desde la alimentación hasta las maneras sociales y deseo de convivencia. Son rasgos que se hacen visibles cuando los mexicanos están en otras tierras y durante los desastres que ponen en duda la vida misma del conjunto social.

De nuevo, México permite al observador distintos énfasis. Para algunos entre quienes se puede contar a los autores de *México a través de los siglos*[1], la clásica historia colectiva liberal, la nación mexicana desde hace mas de tres mil años existe en Meso América sin que la variedad de dialectos sea un óbice: el espacio y la raza común de base—mongolica[2]—junto con memorias colectivas crean ya la masa crítica y sinergia de la nacionalidad mexicana. Otros como Jaques Lafaye[3] ven nacer la nacionalidad mexicana cuando señalan el hecho aparentemente sobrenatural de la aparición y estampado de la Virgen María, Nuestra Señora, la virgen morena, de Guadalupe al indio catequizado Juan Diego, y la adopción de tal imagen como patrona general y principal tanto por las elites europeas como por los hijos de españoles e indias, y por los hijos de indios—no tanto por los viejos indios apegados a sus creencias (Huichí lobos)[4]. Acontecimiento concebido entonces y recordado como algo "Nunca hecho igual para ninguna nacionalidad"; y realmente sin parangón en el resto del hemisferio, donde ni aún en el Perú se repitió donde

---

[1] Obra coordinada por Manuel Riva Palacio en 1870.

[2] Teoría de la raza mongólica que atravesó el Estrecho de Bering.

[3] Jaques Lafaye, Quetzalcóatl y Guadalupe. La formación de la conciencia nacional en México, FCE, México, 1977.

[4] Definición de Huichilobos: vencidos que se regocijan en violar la ley del invasor.

se esperaría debido a su igual de numerosa masa crítica de origen Inca y de su raza de bronce producto de uniones biológicas de europeos y mongólicos.

Hay quienes ven, como José Vasconcelos, en la Revolución Mexicana, cuando su fragor de lucha armada, el momento en que se forma la nacionalidad; también el así pensó Manuel Gamio.

Sin embargo, precisar el momento de la constitución de la nación, como ente político con voluntad propia y proyecto independiente y sentido de identidad, permite otro juego de afirmaciones distintas que ponen los ojos bien en la Independencia o bien en la Reforma mexicana; veamos.

Para los que ven la Independencia, tienen como premisa que en Meso América no existió una nación, sino la forma de ciudades-Estado bajo la hegemonía y dominio en relación de tributación de la poderosa Tenochtitlan. Por consiguiente, la formación de la nación política en los fundamentos modernos occidentales fue con la independencia; en Dolores con el grito, en cuanto símbolo, y formalizado en 1821 con la declaración de Independencia.

Octavio Paz y Justo Sierra desde el contexto de su momento coinciden en ver que sólo se constituye la nación mexicana con la Reforma Liberal, tiempo en que las ideologías se definen como fuerzas militares y en 1860, en el campo de batalla, cuando los ejércitos formados por los defensores de los principios liberales y los ejércitos de los conservadores, con proyectos irreconciliables, se enfrentaron y resultaron vencedores Jesús González Ortega e Ignacio Zaragoza, generales del bando liberal, en la batalla de Calpulalpan: comienza a tomar forma la nación política mexicana.

Como se dijo, para Manuel Gamio la nación sólo se estructura con la Revolución Mexicana en aquellos días de las batallas decisivas en Celaya ganadas por el bando Constitucionalista. Aún hay la visión de interpretes menores, quienes piensan, a mi juicio exagerando e invirtiendo el orden de los eventos, que la nación política solo se forma con la primera elección democrática ganada en las urnas por un bando opositor, el 2 de julio del 2000; y que la nacionalidad mexicana se formó simbólicamente hasta que fue canonizado Juan Diego en el 2002, y con ello la unión de todos los elementos étnicos en convivencia nacional.

Es preciso definir algunos términos que permitan contextualizar el nacimiento de México.

2. TÉRMINOS CLAVE SOBRE EL CONTEXTO HISTÓRICO

Se comenzará por definir qué se entiende por modernización, por occidentalización y por civilización. Estos conceptos permiten, acéptese el supuesto, reflexionar y re pensar con utilidad la concepción de la historia americana.

Una civilización es la unidad cultural mayor, englobante de sistemas de creencias y lengua, asociado a un área geográfica y período en el tiempo.

Occidental es la civilización que se desarrollara en Europa, al occidente de Turquía—Bizancio—la cual es heredera de los elementos culturales griegos y romanos y que incorpora a los pueblos del norte de Europa. Max Weber declaró que esta civilización tiene rasgos únicos. Civilización que desarrolló el pensamiento científico y el pensar con método experimental, de donde se originó la tecnología que llegaría a la máquina de vapor como símbolo del impulso a la Revolución Industrial. La *ilustración* es el movimiento dentro de esta civilización occidental, es el movimiento de ideas basadas en la confianza en el poder de la razón y el cálculo instrumental que enfrentaba a la metafísica y la escolástica del medio evo y sus abstracciones.

En cambio, occidentalización es el proceso en que los pueblos no europeos adoptan, trasplantan e imitan las instituciones, creencias y códigos distintivos del orden de la sociedad y el modo político y económico de occidente: Europa y los Estados Unidos. Samuel Huntington señaló los siguientes rasgos culturales occidentales: separación de la iglesia y el Estado; individualismo; principios liberales y democráticos y al cristianismo[5]

Modernización es la aplicación de la ciencia y de la técnica a la producción industrial y agraria y sus consecuencias y efectos en la vida de las sociedades que se modernizan. La modernización tiene como condición, aunque ni suficiente ni necesaria del todo, a la occidentalización cultural.

2.1 El término Latino América

El término Latino América es ambiguo y carece de un referente preciso al nivel de la mayor concreción geográfica. Alan Rouquié[6] demostró con sólidos argumentos la carencia de precisión y univocidad de este término: como espacio geográfico "Latino América" no cuadra con los reales espacios del Norte, Centro, el Caribe y Sur América; el término América Latina tampoco ofrece utilidad para referirse con precisión al espacio de las lenguas de las ex colonias de España, Portugal, Francia y Holanda e Inglaterra, toda vez que hay el caso de los franco parlantes del Canadá y el Caribe quienes no son latinos; o el caso de los anglo parlantes del Caribe y Sur América. De modo que la imagen que el mundo tiene de Latino América como al sur del río Bravo no es en sentido estricto cierta.

---

5   Samuel P. Huntington, *El choque de civilizaciones*, México, Siglo XXI, p. 81

6   Alan Rouquié, América Latina, Introducción al Extremo Occidente. Siglo XXI, México, 1989.

El término Latino América, por uso y costumbre gana el derecho a su existencia bajo el sol y todo el orbe sabe a quienes se refiere e identifica, y hay que notar de paso que la herencia cultural cristiana—protestante y católica—es un atributo de todo el hemisferio del nuevo mundo.

Todos son inmigrantes en América, en el Nuevo Mundo: hasta el indígena más remoto de Amazonas o de la Sierra Mazateca o de la Selva Lacandona. Quien mire al pasado inferirá que el tipo de sociedades que existe en América es en esencia el resultado de los procesos de colonización y explotación económica originados con el descubrimiento, por los europeos, del hemisferio occidental americano, generando tres tipos de pueblos atendiendo a su composición étnica. Esta tipología contiene las sociedades nuevas, los pueblos mestizos y los pueblos criollos.

Sociedades nuevas. Llamadas así por ser sus rasgos étnicos y culturales recientes en tierras americanas; "nuevos" en estas tierras, comprende el afro americano en combinación con los europeos e indígenas; por ejemplo, Cuba.

Pueblos mestizos. Son por la combinación del elemento indígena, en alta proporción, con el europeo y aquí a la inversa del anterior, pocos africanos; por ejemplo México y el Perú

Pueblos criollos. Son donde la población de origen europeo es casi absoluta, sin provenir del mismo punto de origen. Aquí por ende las costumbres son trasplantadas y aclimatadas sin mayores cambios; por ejemplo Uruguay y Argentina.

Todos los pueblos del Nuevo Mundo buscaron y anhelaron la modernización. Para modificar la atrasada estructura económica y social postcolonial, los pueblos con esclavos debieron enfrascarse en la abolición de la esclavitud; los pueblos mestizos con indígenas concibieron y realizaron reformas liberales y los pueblos criollos vieron la posibilidad y vía de modernización en la aceleración de la inmigración de mayor número de elementos europeos de clase trabajadora.

Se desintegró, entre 1810 y 1825, la unidad administrativa, judicial y política que el dominio español en América tuvo por trescientos años. Era un conjunto de "sociedades convento" por la fuerza de la iglesia y de economía extractiva, las cuales eran coordinadas por la Corona española desde Madrid. Los agentes políticos e ideólogos de la independencia como Bolívar, San Martí, O´Higgins, Hidalgo, Morelos, Iturbide y muchos más, soñaron con una unidad iberoamericana posterior a la independencia de España. Sin embargo, en el nivel de la concreción de los territorios, las distancias y la incomunicación—de México a Buenos Aires tomaba llegar más de tres meses y eso sólo con buen tiempo—impidieron la constitución de un poder iberoamericano central.

Carlos Fuentes[7] ve el contraste inverosímil entre la unidad cultural Latinoamericana en lengua, religión, arquitectura, urbanismo, costumbres, proyectos, experiencias, con la atomización política. Declara que nuestra unidad cultural está de pie ante la debacle de los sistemas económicos, políticos y sociales importados y adaptados. También José Vasconcelos y José Enrique Rodó exaltaron en su momento la unidad Latina frente al creciente poderío anglosajón de Norte América.

Comenzando el siglo XXI se discute si México y Centro América y aún parte del Caribe deben cortar simbólicamente lazos con Latino América y asumir su integración con Norteamérica de manera decidida y sin vuelta atrás. Aunque obviamente hay posiciones a favor y en contra de tal política. De modo que Ariel, de José Enrique Rodó (1903) y la obra de Vasconcelos centrada en la idea de la "raza cósmica", ambas vienen heredando la visión y pasión de Simón Bolívar, y plantean ya los grandes dilemas de los pueblos Latinoamericanos en su condición independiente y en relación al mundo moderno y a las potencias hegemónicas—británica y francesa, primero; norteamericana, después—, esto se cifra en lo siguiente: imitación extralógica de las formas culturales o autenticidad aunque folclórica; librecambismo o proteccionismo; ciencia y tecnología propia o adquisición de modelos y tecnología avanzada.

Con el fenómeno de la modernidad viene la soledad, como de adolescente, lejos tanto de lo occidental como de lo indígena, de la cultura de muchos pueblos americanos, como México, exhibida por Octavio Paz en El laberinto de la soledad, quien nos convidó a comprender esa sensación de falta de identidad y aislamiento que sólo la poesía, el arte y la unión lúdica libidinosa rompe. Nos invitó a dejar de mirar hacia el pasado—el sacrificio en la pirámide y en la cruz—para avanzar a la modernidad. Octavio Paz también demostró una profunda concepción de la historia, sin ser historiador profesional, y al repensar la historia recuperó para los católicos la sobrenatural aparición de Nuestra Señora de Guadalupe con Juan Diego, el "Moisés de América" y las relaciones entre la Iglesia y el Estado y con los indios y mestizos a través de los siglos.

Para Octavio Paz, la historia de México ha sido sólo parte, evento, de la historia más amplia occidental e ibérica. Salvo la Revolución Mexicana y su secuela artística, intelectual e institucional, momento cuando sí se manifiesta un "ser subyacente esencial" de la nacionalidad mexicana. Ramos, Usigli y Paz junto a otras figuras intelectuales, se orientan a definir el carácter del

---

[7]   Ver Carlos Fuentes, *El espejo enterrado*, México, Fondo de Cultura Económica.

mexicano tras esa máscara que aparenta y no dice lo que piensa, esto es, poca autenticidad: acomplejado, gesticulador sufriendo soledad y malestar y deseo de comunión carnal y espiritual. Por su parte, la corriente cuantitativita de la nueva ciencia social mexicana: cuestiona: ¿de quién hablan, del norte o del sur; de un hombre o una mujer, de un rico o de un pobre, de qué edad? A fin de mejorar el entendimiento de estos temas se fijará la idea de la composición étnica racial de la nacionalidad mexicana en lo que sigue.

3. LA RAZA Y LO ÉTNICO MEXICANO

Una combinación de origen genético tipo mongólico con origen tipo europeo se ve en cualquier individuo de la nación mexicana. Tal combinación puede variar en proporciones, desde los individuos 5/5 partes mongólicas o europeas, por diferencia de 1/5, 2/5, 3/5 y 4/5 de combinaciones de genes europeos y mongólicos. Adicionalmente, el último siglo llegan para incorporarse al espacio y convivencia nacional, elementos europeos de otras regiones de Europa distintas[8] y elementos del Medio Oriente, pocos asiáticos, más nuevos africanos, que sumados a los existentes desde la colonia pero en una masa crítica negligible comparada con otros países donde la masa crítica africana (como Colombia, Brasil y Cuba) es decisiva en la conformación de la nacionalidad. En otras palabras, la mezcla mexicana de mongólico y europeo, en diversas proporciones, es el elemento central de la nacionalidad mexicana desde el punto de vista de la composición étnica, la raza de bronce, en convivencia con elementos europeos e indígenas 5/5 más los elementos y mezclas de recientes migraciones; elementos estos recién llegados también con el deseo expreso de vivir juntos y eventualmente unirse genéticamente para la descendencia con la mezcla mexicana. Se tiene entonces una visión de la nacionalidad y de su identidad étnica que es origen para un sentimiento agradable y motivador, desde el cual analizar los elementos esenciales de la nación.

4. ELEMENTOS ESENCIALES DE CONFIGURACIÓN, POR SUS CAMBIOS, DE LA REALIDAD MEXICANA A TRAVÉS DE LOS SIGLOS

El propósito al plantear cinco elementos esenciales como modelo de análisis es para llegar a una nueva síntesis de la historia de México en

---

[8] Los primeros europeos de origen español fueron extremeños como Cortés y Pizarro, andaluces: Sevilla, Córdoba, Granada, y de Castilla.

períodos críticos de estructuración. Los elementos esenciales son. 1) La propiedad de la tierra; 2) mestizaje[9]; 3) la relación Iglesia—Estado; 4) la ideología política dominante y la oposición a esta y 5) la relación con el exterior. Se seguirá para el análisis un orden cronológico, estableciendo una idea de los períodos críticos.

4.1. Los cuatro períodos de su devenir como nacionalidad y los factores analíticos esenciales de México

Los períodos críticos del devenir de la nación mexicana son los siguientes: (1) Mundo indígena y crisis de conquista; (2) Nueva España y crisis de Independencia; (3) Crisis de Reforma liberal; y (4) Porfiriato y crisis de Revolución. Se hará un análisis de cada uno desde el punto de vista de los factores esenciales.

Antes de la invasión occidental durante el siglo XVI, en Meso América el mundo indígena tuvo una ideología de dominación cósmica: la odisea por la continuidad del curso del sol. Una sola raza mongólica y muchas lenguas o dialectos y creencia politeísta. El Estado imperial Mexica cobraba tributo. La sociedad se dividió: por un lado poseedores y dignatarios nobles, y por el otro macehuales trabajadores del campo y los servicios. La propiedad era comunal y ya se deslindaban tierras exclusivas del *Tlatoani*[10] como también de otros nobles.

Durante el período de la Nueva España el elemento constitutivo que sobrepasa a los demás elementos esenciales en términos de controversia y efectos en la vida diaria fue el mestizaje y la jerarquía de castas resultante, la cual tiene sus inicios en el siglo XVI y ocurre en el contexto económico de la extracción de minerales para su envío allende los mares; así también por el paternalismo de la Corona y por la evangelización: la sociedad jerárquica colonial. La dominación en relación a la propiedad de la tierra y aguas en el período colonial surge de la creencia en el derecho de descubrimiento de la Corona de España, legitimado por la Bula del 4 de mayo de 1493 del Papa Alejandro VI (Borgia), por medio de la cual La Corona repartía tierra y pueblos indígenas o los congregaba si vivían dispersos. Se impidió la formación de una nobleza terrateniente por el mecanismo de otorgar encomiendas y repartimientos sólo a tres vidas (tres generaciones) para luego regresar jurídicamente a ser patrimonio del Rey.

---

[9]   Mestizaje abarca la relación Estado-indígenas.
[10] Tlatoani es el nombre del gobernante supremo Azteca

Fue una economía extractiva la cual llevó a Europa el producto de la explotación del trabajo y de las minas y campos con indios semiesclavizados y esclavos africanos. La relación de la Iglesia y el Estado expresó la doctrina Habsburgo sobre este asunto de los dos poderes, de los dos brazos de gobierno, Corona y Papado, para la colonización, la explotación y la evangelización. La ideología sobre la obligación de obediencia o legitimidad (y de la legalidad en general de la dominación) en la Nueva España fue, como se dijo, el Derecho de Conquista y la Soberanía de la fuerza sobre los señoríos conquistados y territorios descubiertos y la evangelización. Los opositores en este tiempo fueron los nobles indígenas y sus sacerdotes y dioses mesoamericanos.

En el período de la independencia y postcolonial el elemento de mayor controversia en su tiempo y de mayor peso fue la relación Iglesia Estado la cual entra en conflicto. Triunfó la teoría regalista acerca del patrimonio real, teoría borbónica de la subordinación del clero, sobre la teoría Habsburgo, anacrónica para entonces en referencia a la marcha de la civilización occidental. De nuevo, el clero católico mexicano, partidario del principio Habsburgo elabora la teoría de las dos sociedades soberanas: la Iglesia y el Estado y de los individuos pertenecientes a los dos.

La fragmentación de los dominios tras la independencia y el nacimiento de caudillos y caciques cundieron por Latino América en este período y México no fue la excepción. Una economía que se tornó feudal frente a intentos de neopatrimonialismo centralista ya sin el Rey. La propiedad de la tierra y villas entró en ambigüedades. Las haciendas en México florecen como unidades de producción y consumo autosuficientes en alto grado.

Los individuos de origen europeo aceptan la igualdad con la casta mestiza por la fuerza de la guerra de independencia; no con los naturales mongólicos. Significó un avance en abandonar los prejuicios raciales y se vio capilaridad y movilidad social y el orgullo del mestizo. La independencia abolió el sistema de castas envidiosas. La ideología de dominación expresa el patriotismo[11] criollo y sus símbolos—en particular la imagen de la Virgen Morena—frente al paganismo y la superstición, por un lado y la creciente aculturación y aclimatación de las ideas políticas y económicas liberales, por otro.

---

[11] El patriotismo se define como una idea elemental de amor al terruño y tierras que vio nacer y crecer al individuo y que se defiende por haber sido heredado de padres a hijos.

Durante el período de la Reforma Liberal[12] el elemento constitutivo de mayor peso y controversia y efectos políticos y sociales fue la ideología de dominación que triunfó: el liberalismo y su visión de la civilización occidental en relación al espacio mexicano.

Toda América Latina experimenta el inicio de la penetración británica en las economías y la inserción de éstas en el comercio internacional. En la parte esclavista de América Latina avanzan los procesos de abolición de la esclavitud; en las regiones con una masa de población mongólica se fraguan las reformas liberales. En México en particular. La lucha por la separación de la Iglesia y el Estado y la subordinación del clero católico a los individuos en cargo de autoridad civil (sin aceptar nunca, ni después de la Reforma, que los obispos fueran nombrados por alguien que no fuera desde Roma el Papa) generó guerra civil. La legalidad en la propiedad de la tierra cambia y se proscriben las propiedades comunales y se ponen en venta los terrenos acumulados por el clero católico a lo largo y ancho del territorio nacional. La idea liberal fortalece el derecho de los individuos para la adquisición de tierras en propiedad privada y la obligación del Estado a garantizarlo. Además, la doctrina liberal dicta como medio para lograr el fin de la libre determinación de los individuos como ciudadanos y para el funcionamiento del mercado, la destrucción de las corporaciones tales como las religiosas y también a las comunidades indígenas, ambas consideradas obstáculos premodernos. Tales ideas se operacionalizan en la política que quiso mutar, de la noche a la mañana, a los naturales mongólicos en hombres y ciudadanos civilizados y trabajadores proletarios. Con la dictadura de Porfirio Díaz se continúan todos los elementos salvo la transformación del modelo económico que se torna determinante y de mayor peso, al incorporar la estrategia de *importación—exportación* para el crecimiento económico y la inserción de la economía, con el ferrocarril, al mercado mundial. Es la dimensión ideológica del liberalismo político cediendo su lugar de mayor peso a la relación con el exterior, fenómeno que ocurría igual en toda América Latina.

En este período de la dictadura porfirista, la iglesia experimenta un renacer y adecuación a los nuevos tiempos siguiendo el ejemplo del clero francés y las líneas estratégicas de Roma. La oposición en todo este período la constituyeron de un lado los elementos liberales y democráticos y de la legalidad, cristalizada y expresada en Madero, y del otro, el tradicionalismo indígena expresado con Zapata.

---

[12] La reforma Liberal tiene su correspondiente en cuanto a cambio estructural en otros países latinoamericanos con la abolición de la esclavitud, donde abundaban los esclavos africanos.

Con la Revolución Mexicana y en el período de sus secuelas, el elemento que adquiere mayor peso y debate es la legalidad de la propiedad de la tierra, aguas y el mineral del subsuelo: derecho original de la nación, el cual se entrega en forma derivada a los individuos particulares—recobrado de la idea patrimonialista de la Corona—en las modalidades de propiedad privada, comunal o ejidal. Aparece la redistribución de las tierras y aguas que se acelera con el cardenismo, además Lázaro Cárdenas hace efectiva la soberanía sobre el petróleo.

En un primer momento de este período posrevolucionario, se profundiza el modelo de crecimiento económico basado en la *importación—exportación*, como ocurre en toda Latinoamérica que también experimenta el efecto del imperialismo norteamericano en avance y crecimiento; en otro momento dentro de este mismo período, el modelo económico se transforma en el de *sustitución de importaciones* con base en el mercado interno como motor de la economía.

La relación Iglesia-Estado entra en una fase de obstrucciones mutuas. Entre los dirigentes del Estado, generales triunfantes y sus ideólogos y técnicos, retoña el anticlericalismo y la sospecha contra la religión católica y sus sacerdotes en particular de haber causado de siempre el atraso y simultáneamente los nuevos gobernantes aprecian a las iglesias protestantes, a las cuales consideran como progresistas y más convenientes al proyecto nacional[13].

La legitimidad de la dominación en este período es el derecho dado por la victoria militar en los campos de batalla contra otras fracciones, legitimidad con aspiración democrática por su origen revolucionario. Se crean las misiones culturales para educar y aculturizar a los pueblos y comunidades indígenas. La relación del Estado con los indígenas buscaba ahora su integración y unificación, si bien dotándolos de tierras y promoviendo sus artesanías pero con un implícito avasallamiento cultural no pluralista al final del día.

En este período, la oposición la ejercen los católicos anti protestantes, los terratenientes y sus herederos despojados y la siempre presente oposición de los elementos Huchilobos o destructividad rabiosa de los dioses mesoamericanos destruidos.

El tiempo que corre hoy, son dos los elementos que adquieren mayor peso: uno es la ideología de dominación en sí misma; y el proceso de reformulación y readaptación de la cultura cívica política democrática, el otro, las relaciones externas. Se piensa en el cambio y plasticidad en la cultura

---

[13] Actuación del poder político que chocó con la religión mayoritaria y causó el levantamiento *Cristero*, en 1929.

política de la población adulta que creció y se acondicionó al autoritarismo con aspiración democrática y la modelación de los jóvenes matizados por "la aldea global".

En las relaciones externas, toda la América Latina y México experimentan primero la crisis de la deuda y el ajuste estructural o las políticas neoliberales de primera generación: apertura de mercados, eficiencia tecno-productiva, privatizaciones de sectores productivos; luego, ajustes o reformas estructurales de segunda generación: reformas de la seguridad social y pensiones. Es el tiempo de la emergencia de la dominación en el contexto de las fuerzas de operación mundial tanto de la economía como de la política. Podría formularse ahora un nuevo modelo estatal acorde con las realidades sociodemográficas y socioeconómicas de la región norteamericana.

Ahora, la relación Iglesia-Estado llega a la convivencia y tolerancia entre el clero y los políticos, técnicos y administradores del Estado. Algo similar ocurre en la relación Estado-indígenas: convivencia y tolerancia, autonomía cultural de las comunidades indígenas similar a la que gozan las sectas religiosas, pero rechazo a la noción ficticia, en gran parte, de pueblos indígenas sobre el orden constitucional. Tanto con los indígenas como con la jerarquía del clero católico se llega por fin aparentemente en lo fundamental a una convivencia pluralista y sinergia de fuerzas.

La ideología de legitimidad es ahora un derecho legal democrático derivado de procesos electorales. La propiedad privada sobre la tierra experimenta la flexibilización del viejo derecho del Estado sobre las tierras y el subsuelo y apertura a la inversión de recursos para la explotación por parte de extranacionales. Por último, la oposición extrema la constituyen los partidarios de la dictadura excepcional antipluralista y antiparlamentaria como mecanismo de eficiencia económica, los elementos democráticos y legalistas, el Huchílobos de siempre y los partidarios de la separación de los "pueblos indígenas" de la nación y nacionalidad mexicana.

CONCLUSION

La nación mexicana existe desde antes y después de las formas militares y políticas que se le han impuesto en su devenir. Parte consustancial de la experiencia mexicana es el mestizaje. Bajo el alud de la comedia y la tragedia y brillantez de la historia de la nación mexicana se descubre una voluntad de ser y realizar valores superiores de justicia, libertad y progreso. La nacionalidad mexicana se manifiesta en la historia como un ser que busca superar sus condiciones adversas y afirmarse en una grandeza intrínseca, lo cual se observa entre más se estudie su historia, sin lugar a dudas. La nacionalidad, la nación y el nacionalismo perdurarán en el contexto de la modernización mexicana en relación con las potencias occidentales, en particular Estados Unidos.

Se analizaron los períodos de su devenir como nacionalidad—Conquista, Independencia, Reforma, Revolución—con el modelo de los factores analíticos esenciales de México y se concluye que en el momento actual la configuración de la cultura política ciudadana y de los actores políticos, por una parte, y en interacción con el segundo factor de mayor peso, el manejo de la relación con los Estados Unidos, por otra, determinan más que los otros factores esenciales, la orientación y el debate tanto como la aparición de sucesos históricos al comenzar el siglo XXI.

Actividad de aprendizaje 1.1 Crítica al texto "la existencia de la nación y nacionalidad mexicana"

Sesión de planteamiento de dudas, objeciones o suspensión de juicios. Propósito: Primero, despejar los puntos que se hayan pasado sin comprender o no quedado claro durante la lectura; en segundo lugar, antes de que se piense igual que el autor formular objeciones fundadas o bien decidir suspender el juicio antes de acordar puntos particulares

Si no hay objeciones previas, o se han agotado ya las expresadas, se procederá a formular preguntas que permitan evaluar la comprensión del ensayo.

Pasos:

1. Primero, despejar los puntos que se hayan pasado sin comprender o no quedaron claros durante la lectura.
2. Segundo, formular objeciones (puntos débiles) antes de pensar igual que el ensayo, o bien decidir suspender el juicio antes de acordar puntos particulares.
3. Una vez que se han agotado las objeciones, se procede a pedir respuesta las siguientes preguntas que permiten evaluar la comprensión del ensayo.

¿Qué importancia tiene el cambio de la ideología política (Estado, constitución, prácticas) en el presente?

¿Es el factor estructural esencial de mayor controversia?

¿Por qué se afirma que la ideología política es, en el período actual, después del seis de julio del 2000, el factor esencial de mayor controversia?

Nota bibliográfica

Se recomienda consultar un estudio complementario que logra penetrar en la visión que de Latinoamérica y los latinoamericanos tienen los europeos, Rouquié, Alan *América Latina, Introducción al Extremo Occidente*. Siglo XXI, México, 1989. También con el mismo propósito consúltese Lynch, John. *Las revoluciones hispanoamericanas*. Editorial Ariel. Barcelona, 1976. Ofrece una visión profunda de los factores causales de las Independencias así como de las interpretaciones de la lógica de los actores en la generación de los movimientos de independencia; además de un balance de las consecuencias no esperadas y no buscadas.

Octavio Paz, desde la visión literaria, reflexiona sobre la relación de Estados Unidos con Latinoamérica y los contrastes culturales entre latinos y sajones en *Tiempo Nublado*. Origen/Planeta México, 1985. Por otra parte, un texto que profundiza una visión panorámica de las transformaciones de los modelos económicos y las formas del Estado en Latinoamérica y por tanto los cambios sociopolíticos y económicos es el de Skidmore Thomas E. y Smith, Peter H. "La transformación de América Latina contemporánea (década de 1880 a década 1990)", en *Historia contemporánea de América Latina* en el siglo XX. Ed. Grijalbo. España, 1996. Para una visión sintética de la historia mexicana recomiendo el libro de Jorge Díaz Serrano, *México, cuatro crisis de su historia*, Editorial Mayaqui, México, 1989.

Capítulo 2

Lo social en general

INTRODUCCIÓN

La definición que da Max Weber de "sociología", de entre los intentos paradigmáticos por fijar y definir su ciencia sociológica, sigue siendo la mas completa, cito: "La sociología es la ciencia que busca *interpretar*, comprendiendo, a la acción social, para luego *explicarla causalmente* en su desarrollo y consecuencias" (página 9, Economía y sociedad). Se combinan aquí la explicación por causas como en las ciencias de la naturaleza y lo interpretativo y comprensión simbólica con raíz en las tradiciones de estudios de la cultura.

Por otra parte, la sociología mantiene su esfuerzo por fijar su objeto de estudio y deslindarlo de la vecina psicología social: esta última, busca estudiar la influencia de los grupos en la conducta de los individuos; la sociología por su parte, quiere la comprensión, interpretación y explicación causal de la modernización vista como el cambio histórico ocurrido en cada contexto del planeta.

El presente ensayo parecería muy teórico a una mirada desatenta. Se parte de la pregunta típica de quienes se acercan a las ciencias sociales: la pregunta general sobre ¿qué es en realidad la sociedad? Para responderla y extraer los elementos de valores socioculturales implicados, se procederá a clarificar los términos conceptualmente esenciales del tema, a saber: las relaciones sociales, la familia y las generaciones; de modo que se está tomando como a los ladrillos y mezcla del edificio social a las relaciones entre individuos, a la solidaridad, a los grupos primarios y las generaciones. Con tales materiales se podría luego proceder a su aterrizaje en los contextos reales históricos.

Se hará referencia a valores, creencias y normas toda vez que la estructura social es algo simbólico lo cual prescribe actos y los constriñe y conlleva comunicación. Se aborda en este ensayo, pues, un tema ineludible para una mayéutica, para que emerjan las ideas de una cultura académica de lo social. Se discute implícitamente—y en esto revela el ensayo un propósito persuasivo y práctico—con aquellos "guías" de la familia, éticos de profesión, que no tienen contacto con la realidad empírica; se discute también con la tradición y sabiduría popular en lo relativo a las relaciones entre géneros y generaciones y sobre cómo se percibe al tiempo social—el cual se definirá adelante—y qué consecuencias tiene esta percepción de la sabiduría popular sobre los fenómenos reales de la población.

1. LAS RELACIONES SOCIALES

1.1 La interacción

El ejercicio didáctico en la modalidad de mayéutica, busca y logra ponderar y aclarar las creencias, normas y patrones que subyacen el fluir de la vida cotidiana de cualquier persona, en cualquier sociedad, por medio de conversaciones y con la guía sapiencial de preguntas inteligentes y atinadas. Dicho en negativo, si no se discute lo social y sus significados entre las personas interesadas, es imposible explicar, remediar o mejorar la realidad y relaciones sociales cotidianas.

Desde la perspectiva sociológica y en términos de su ámbito social, se obtuvo un equivalente al átomo de la física—elemento de la materia—en lo social; se buscó al elemento último y este resultó ser la interacción entre personas individuales. De tal interacción social repetida y sistematizada, rutinizada y cotidianizada, se gestan las relaciones sociales. Difíciles de gestar, una vez creadas las relaciones sociales son fácilmente destructibles[14]; varían en intensidad, contenido y otros atributos. De manera que la comprensión de la interacción tiene una aplicación a todas luces práctica.

A fin de desarrollar habilidades modernas de interacción, habilidades que son un déficit en la formación universitaria, es adecuada una toma de conciencia de las distintas naturalezas y propiedades de las relaciones sociales.

Las relaciones sociales son de tres tipos: *afectivas* cuando son un fin en sí mismo; existen en una sola dimensión, y en este sentido son simples. Son

---

[14] Se ha descubierto que las relaciones sociales que perduran tienen la propiedad del "toma y daca" de la reciprocidad, como elemento constitutivo.

complejas y conllevan la *confianza* cuando las personas se hallan vinculadas de diversa manera, ámbitos o esferas (multidimensionales) y son medios para otro fin. En tercer lugar, en la esfera de la vida económica, la interacción social construye una relación social de *tipo instrumental*, casi siempre de naturaleza jerárquica, que llega a estar codificado en los roles sociales y laborales.

En suma se postula que las relaciones sociales caen en una de tres categorías:

1. Afectivas: que son unidimensionales.
2. Confianza y amistad: que son multidimensionales.
3. Instrumentales: que son los roles sociales formalizados y neutralmente afectivos.

1.2 ¿Qué es la amistad?

La amistad, como todo hecho social, conlleva creencias e ideas sobre el lazo amistoso las cuales tienen una función rectora y normativa; son origen de las pautas del comportamiento social en la realidad de las personas.

Según sus intereses cada persona construye su mundo social; y también según sus preferencias y apreciación del medio humano que la rodea, por lo cual, mundo a su vez la moldea en su actuar, pensar y sentir. Analíticamente hablando, una red social es una serie de puntos—individuos—definidos en relación con un "ego" focal, un punto central, y vinculadas por medio de líneas que significan relaciones trazadas con el ego focal. En el mundo de la interacción cotidiana real y hecho rutina, se forman las redes sociales de cada persona, de más o menos volumen (número de personas) y densidad (interconectadas entre sí) de cada quien, como que constituyen su medio ambiente social.

Analíticamente se tiene entonces, redes sociales[15] con características morfológicas (volumen y densidad) y de contenido (instrumental, afectiva o de confianza). Las primeras, se refieren al número de relaciones de ego y a la relación que tienen los vínculos en una red entre sí; se refieren al patrón de las relaciones sociales en una red. Los segundos, en cambio, se refieren a la naturaleza misma de las relaciones, a saber: afectivas o instrumentales o de amistad. Al definir estos tipos veremos que, contrario a la noción tradicional,

---

[15] Ver <u>Network Analysis Studies in Human Interaction.</u> Boissevain & Mitchel Eds. La Haya, 2003.

la amistad comprometida no es una relación afectiva meramente. Una relación de amistad es mucho más: implica realizar inversiones que se podrían traducir en compromisos. En efecto. el compromiso surge en una relación cuando sus participantes dependen entre sí de tal manera que los beneficios obtenidos de esa amistad no pueden ser fácilmente substituidos. Tanto el grado de compromiso como el cumplimiento efectivo de las obligaciones generadas por el mismo, crean la confianza; y dicha confianza se constituye en una forma de "crédito" para subsecuentes beneficios.

Una sociedad orgánica, utilizando los términos de Durkheim, es una buena sociedad—"sana"—en la cual las relaciones derivadas de la división compleja del trabajo social genera amistad, compromiso y confianza. Una sociedad "enferma", "mala", es todo lo contrario.

Evidentemente, la democracia y el desarrollo de una sociedad bien lograda e integrada surge y se deriva de la confianza que exista en las redes sociales y por tanto en el compromiso interpersonal. En una sociedad integrada, no cabe una proporción grande de exclusión social y sí en cambio es generalizada la confianza interpersonal y por extensión, entre los segmentos y regiones de una sociedad. La llamada cultura cívica existe siempre que abunde la cultura de la amistad comprometida toda vez que supone, idealmente, que cada individuo estaría orgánicamente vinculado con uno o múltiples contextos humanos: contextos de compromiso y confianza y en acuerdo para la productividad y la mayor felicidad mutua y esto nos conecta con las nociones de redes de relaciones sociales y la solidaridad.

De las redes de relaciones sociales hay que destacar una autora: Elizabeth Bott (1971) quien combinó la teoría del intercambio social[16] con el análisis de las redes sociales de cada cónyuge. Esta autora, tras estudiar veinte familias nucleares londinenses y comparar diferentes variables como clase social y localidad, sin obtener resultados explicativos de por qué hay parejas conyugales que realizan sus actividades por separado e independientemente el uno del otro, con una marcada división sexual del trabajo (patrón segregado); mientras que otras parejas comparten tanto cuanto les es posible, sin gran división sexual del trabajo y por tanto intercambiando o realizando conjuntamente labores entre ambos—patrón conjunto. Construyó redes de relaciones de cada cónyuge de sus veinte familias y encontró que la

---

[16] La teoría del intercambio social de Peter Blau (1964) explica las redes sociales en cuanto a los costos y beneficios de mantener una relación social, y a la relación conyugal misma en términos de esta lógica, por tanto, de la mejor opción.

densidad de las redes variaba significativamente en relación con el grado de segregación en los roles conyugales

Ingrid Rosenbleuth (1984) hace la réplica del análisis de Bott entre familias de ingresos altos y medios de la ciudad de México. Encontró que las expectativas y alternativas de beneficios encarnadas en sus redes sociales determinan al patrón de roles conyugales. Además del patrón conjunto—vidas entrelazadas—y el segregado—vidas paralelas—esta autora percibe un nuevo patrón de roles conyugales: el complementario—una vida en apoyo del proyecto de otro—regularmente una empresa o una carrera política.

1.3 ¿Qué es la solidaridad social?

Solidaridad deriva de la palabra latina *solidus* y conlleva la idea de compactación. En el leguaje se usa solidaridad en tanto que es vínculo que representa comunidad de intereses, sentimientos y propósitos. Llevando hasta las últimas consecuencias su análisis, Emilio Durkheim clasificó el lazo de solidaridad social según su origen en dos tipos: solidaridad mecánica por semejanzas, cuando individuos con conciencia similar se agrupan en un espacio o región, y solidaridad orgánica que deriva de la **división del trabajo,** cuando los individuos tienen conciencia no semejantes pero entrelazadas por el compromiso, el trabajo, el intercambio y la confianza.

La solidaridad es en este sentido la unión orgánica con el otro. Se distinguen varios niveles: la primaria, expresada en la consanguinidad y conyugalidad, brevemente la familia; la secundaria de grupos ampliados como la comunidad y esferas de trabajo y la vida cotidiana; más allá, la solidaridad basada en relaciones de compromiso y confianza no directamente personales sino que mediada por símbolos. Esta última es una solidaridad social que atraviesa clases sociales y grupos étnicos y es humana en última instancia. Es ésta la que se deja ver en respuesta a los desastres naturales y también después de los desastres sociales, como cuando renace después de la guerra, una vez saciada todas las ansias y energías de la muerte, destrucción, ambición y revancha. Es la que se manifiesta en el espíritu Olímpico y en la dimensión no consumista de la Natividad.

1.4 Unidad Significativa Real de Solidaridad

Sigue preguntar cuál es la unidad mínima de solidaridad. Es claro que la unidad significativa de solidaridad en México y en gran parte de América Latina es la familia, la cual incluye a los padres y los hermanos de "ego" aún sobre el matrimonio y la migración. Entre los familiares, las expresiones y expectativas de solidaridad se prolongan durante el tiempo de existencia de la familia y sólo pueden ser cortadas con la muerte.

En un primer acercamiento proponemos que los arreglos domésticos en la sociedad mexicana pueden ser explicados por la definición cultural de lo que "es un grupo familiar".

La familia en su dimensión simbólica, normativa como categoría cultural, en definitiva, permanece válida a través de las barreras de clase y cambia muy lentamente a través del tiempo. Una observación meticulosa demuestra que los arreglos residenciales físicos—formación de unidades domésticas, hogares, y las relaciones entre estas—se encuentran condicionados por factores externos reducibles en última instancia a circunstancias económicas—recursos, empleo y disponibilidad de vivienda. Las personas emparentadas, cualesquiera que sean las realidades económicas, manejan sus circunstancias y recursos de modo subordinado al principio cultural de la solidaridad familiar, hecho de donde resultan las expresiones adaptativas residenciales de los distintos grupos socioeconómicos.

Ahora bien, la vida de las organizaciones domésticas, al interior de los hogares, es una resultante de tres factores: estructura de sus recursos (materiales y sociales), composición del grupo doméstico y trabajo extradoméstico de los miembros.

Tales factores crean la dinámica intradoméstica, la cual es un todo que contiene tanto a los patrones de división del trabajo doméstico como a las interacciones y decisiones vinculadas a la asignación de consumo, recompensas y presupuesto. Un mayor acercamiento permite apreciar que la autoridad y el trabajo doméstico se encuentran inextricablemente unidos; de esta unión analíticamente se distinguirán dos líneas básicas de conflicto y alianza en la dinámica intradoméstica, líneas basadas en las diferencias reales entre géneros y generaciones: el conflicto y alianza por la división del trabajo hogareño y fuera del hogar (quién hace qué); y el conflicto y alianza por la dinámica del consumo (qué se compra y para quién).

A su vez, la posibilidad de ejercer trabajo extradoméstico por parte de la mujer ama de casa, está determinada por el arreglo doméstico que se logre establecer. Pueden intentar incluir más miembros colaboradores, sea a través de la generación de ingresos monetarios o en la tarea doméstica. En casos extremos entre los grupos más pobres—como parte de las estrategias que explican "como sobreviven los marginados"—la mujer deja la organización doméstica y el cuidado de los hijos librados a arreglos que se van elaborando día a día y que a menudo resultan en situaciones inestables, de emergencia permanente.

De inmediato se percibe que lejos de celebrar en el trabajo remunerado de la mujer la fuente de su liberación femenina (tal como se pensó en los años setentas), y preguntar por qué no ocurre tal liberación, se revela una doble jornada dentro y fuera del hogar que origina un conflicto de rol agudo y, definitivamente entender, en cambio, que en esta situación precisamente está anclada la subordinación de la mujer.

La autoridad inextricablemente unida al trabajo doméstico dentro de la dinámica de los hogares, sí puede ser objeto de estudio, pero sólo por medio de una etnografía y observación participante a profundidad que contraste las prácticas del control y sanción (lo que se hace), con las ideologías sobre el tema (lo que se piensa) y las expresiones de la normatividad manifiestas en el lenguaje. Sucintamente, el estudio de la autoridad familiar en dos planos: por una parte, comprensión de las representaciones, significados y marco interpretativo y normativo de los comportamientos reales—expresadas en el lenguaje—; y por otra, el registro de los eventos, comportamientos y sucesos concretos, observados en sí mismos; plano en que viven su realidad cotidiana los miembros de los hogares como cuando se decide quién hace qué tarea y qué artículos se compran y para quién. Finalmente, cuando se enfoca el habla y el comportamiento ante eventos excepcionales, venturosos o desafortunados para las familias.

Un analista norteamericano habría de hacer este tipo de estudio de observación participante; él convivió durante largo tiempo entre cinco casos de familias mexicanas: Oscar Lewis (1969). Concedió gran importancia a la autoridad familiar en relación con el complejo del machismo en la cultura mexicana, conceptualizada como una cultura en transición. El énfasis cultural del mexicano respecto del macho y el culto al machismo o masculinidad, se reflejó en sus casos de estudio, donde el marido es claramente la figura dominante. El macho mexicano usa de la violencia con su esposa y con sus hijos. Se refleja en la entrega del dinero para el gasto diario de su mujer y en la forma en que la castiga retirándole el dinero.

El ideal del pueblo—dice Lewis en los años sesenta—es el macho dominante y autoritario, y el ideal de una mujer-esposa-madre: la mujer sumisa y abnegada. Los niños también satisfacen los requerimientos del pueblo en cuanto al trabajo duro, el respeto y la obediencia, aunque conforme se hacen mayores empiezan a cambiar, en repuesta a influencias externas. No obstante el papel autoritario del marido, Lewis reporta una aguda discrepancia entre el bajo status general de la mujer en México y su influencia considerable en la familia, tanto en los hijos como en el marido.

En años ya recientes, entre las familias de bajos ingresos se ha observado patrones de intercambios internos y del manejo del dinero. Los miembros de los hogares intercambian productos y servicios domésticos y sexuales. Las ideologías del matrimonio y del género matizan esos intercambios; así también las emociones de amor y odio, los sentimientos de cariño y rechazo, junto con las puras necesidades materiales, la violencia y la coerción. Las relaciones de dominación/sumisión entre marido y mujer están basadas en un desigual acceso y control de esos recursos diversos, de acuerdo con su posición de clase y jerarquía de géneros.

Se ha calculado que un reducido sector dentro de la clase media mexicana, en el caso de las mujeres que trabajan antes de casarse, trabaja por gusto y como directo imperativo de desarrollo personal; con todo esto no significa que por el hecho de trabajar por gusto, no dejen de presentarse una serie de consecuencias que tienden a modificar el papel doméstico de la mujer y el ritmo de la vida familiar como tal. Uno de ellos es el cambio de la simetría de las tareas "masculinas" y "femeninas" en la familia; otra, es el de la concepción de la procreación[17].

Es un hecho de que la mujer mexicana, gracias a la servidumbre con que cuenta, salvo la clase media baja, se convierte en la administradora del hogar, aunque a veces tampoco administra en forma directa la economía doméstica, sobre todo cuando realiza trabajo fuera del hogar. En efecto, la pertenencia a los sectores medios urbanos facilita el apoyo eventual o fijo en los trabajos domésticos y las responsabilidades del hogar y crianza, por medio del servicio doméstico contratado, las llamadas "sirvientas". También es posible la eventual colaboración comprensiva de las parejas debido a factores culturales de normas de igualdad de género, lo cual revela un cambio con respecto a lo observado por Oscar Lewis.

Aún con el cambio en mente es valido preguntar de forma sumaria lo siguiente: ¿cómo ha sido un grupo familiar en el ámbito mexicano?

Una respuesta también sumaria y en términos generales: el sistema familiar mexicano, hasta 1940 aproximadamente, era tradicionalmente patriarcal, subordinación de las mujeres y niños, divorcio prohibido. La composición de las unidades domésticas era extendida. El machismo como énfasis cultural en la masculinidad (obsesión por igual de hombres y mujeres). La mujer organizando su vida alrededor del hogar y la familia, y el compadrazgo o parentesco ficticio como medio de consagración del lazo de confianza y solidaridad. ¿Cómo es en el presente? ¿En qué ha cambiado?

La familia es ahora igualitaria con derechos para la mujer y los hijos, el divorcio está permitido, la composición de las unidades domésticas es mayoritariamente nuclear, el machismo ha cedido lugar a la igualdad de géneros y a la liberación de la sexualidad. En definitiva la mujer organiza su vida al rededor de su trabajo remunerado y del hogar y finalmente, las

---

[17]   Ver Luis Leñero Otero, El fenómeno familiar en México, p.87

redes sociales de los cónyuges se estructuran en términos de la teoría del intercambio social, en pocas palabras a los costos y beneficios de mantener una relación social, y a la relación conyugal misma en términos de esta lógica, por tanto, de la mejor opción.

2. PRINCIPIOS DE PARENTESCO Y TIPOS DE FAMILIA

Los intentos por construir tipologías y modelos típico ideales de familias no han conducido a resultados satisfactorios. La tipología sobre familia concentra la atención en tres modelos: el igualitario, el conyugal nuclear y el patriarcal[18], sin embargo, establecer las variables de donde resultan estos tipos crea confusiones. Es un hecho que los campos psicológicos, biológicos y sociológicos pueden ser separados: los sistemas familiares exhiben las características de legitimidad y autoridad, las cuales no son categorías ni biológicas ni psicológicas. Tampoco lo son los valores relacionados a la familia, o los derechos y deberes de los status tales como esposa, esposo, o padre e hija, abuela, abuelo. Son categorías peculiares del nivel teórico de la sociología; son hechos sociales.

La construcción de modelos puros sobre la familia y el matrimonio contiene dificultades, debido a que la relación con lo cotidiano y experimentado por uno mismo es inmediata. Hay problemas en el análisis por lo fácil que la experiencia propia o cercana de matrimonio y familia se tiende a generalizar. Adicionalmente, las implicaciones éticas—sexualidad, crianza, solidaridad, lealtad, racionalidad económica—entran en tensión con el sujeto teorizante. Por último, es natural sucumbir a la tentación de querer ejercer influencia normativa sobre el ámbito de lo familiar.

El grupo estructurado y normado por el código del matrimonio y la familia es el núcleo mínimo de solidaridad humana generador de apoyo y atención cariñosa. Los códigos de familia y parentesco proveen para el permiso de acceso sexual entre adultos; para la reproducción legítima. Proveen para el modo de crianza y cuidado mutuo y para la cooperación en el trabajo. La familia es la unidad en que se fijan las obligaciones y que dura lo suficiente para dar atención al ser humano, el cual es muy dependiente al inicio y al final de su existir.

Teorizar sobre los tipos puros de familia presupone que en la realidad los sistemas de familia se relacionan con el modelo económico del período, pero también con la forma del Estado y con la dinámica de la población; en suma se relacionan con el modo de producción y las configuraciones sociales

---

[18] Según el criterio de autoridad y poder-composición.

y estatales históricamente dadas. La teoría de la familia tiene en la regla o principio de parentesco la pieza clave de comprensión

El *Principio de Parentesco* es y se deriva bien de un hecho biológico—la liga genética, o consanguinidad—o bien de alianza voluntaria matrimonial. Conlleva la norma de exclusión de coito entre parientes, la *prohibición del incesto* como norma fundante de lo social. Conlleva, en segundo lugar, las obligaciones y expectativas inherentes a las posiciones de estatus entre las relaciones de parentesco, a saber: padre, madre, hijo, hija, nieto, nieta, hermano, hermana, abuelo, abuela, tío, tía, sobrino, sobrina, primo, prima, etcétera. Posiciones que suponen un status de donde derivan obligaciones y derechos, fundados en el *principio de reciprocidad.*

Frente a condiciones materiales de existencia, en interacción con el modo de producción, el principio de parentesco se adecua en reglas y disposiciones específicas que evolucionan como normas en respuesta a las necesidades funcionales del período. Evolucionan racimos de reglas específicas, por ejemplo, frente al contexto agrario de producción, las necesidades funcionales evolucionan en el sistema patriarcal. Así, frente al contexto industrial-urbano, evoluciona el patrón nuclear-conyugal; ante el contexto de la sociedad de servicios o modo post industrial, emerge el patrón igualitario entre los géneros.

Los sistemas normativos varían según en cómo se definen las obligaciones y derechos de cada posición "A" en relación a otra posición "B" (roles entre familiares) que varían con respecto a la división del trabajo, el poder social y el modo en que la equidad o principio de reciprocidad se aplica en función de las necesidades funcionales del parentesco en determinado modo de producción.

Hay convicción firme en la aplicación del principio de parentesco, normas derivadas de la liga genética y matrimonial: prohibición del incesto, reciprocidad en las obligaciones y expectativas de cada posición; por el contrario, hay discusión y lucha por adecuar—con a veces largos períodos sin normas—con respecto a las disposiciones específicas a las necesidades del parentesco al modo de producción cuando este cambia.

En particular, la norma de autoridad patriarcal es cuestionada en el modelo igualitario; o la responsabilidad irrenunciable por la crianza de los hijos se flexibiliza en el modelo conyugal-nuclear.

Las obligaciones de posición de rol suponen la respuesta a ¿Qué tanto y entre quienes son las obligaciones de posición? ¿Qué debe dar "B" con respecto a "A" y "A" con "B", en los sistemas de parentesco? Es el núcleo de las preguntas y respuestas que los grupos humanos desarrollan. Las ideologías, religiones y corriente de pensamiento llenan o tratan de dar respuesta a los dilemas e interrogantes citadas, cuando los individuos no son capaces de hacerlo en lo particular. Las personas y grupos familiares, entonces, toman las respuestas de la cultura y aceptan los códigos institucionalizados por las ideologías dominantes.

La transformación espiritual y de concepción de la procreación relacionado al modo de producción industrial y post industrial, es el factor decisivo en la reducción del tamaño de los núcleos de parentesco y en la reformulación de las obligaciones de derechos de rol; aunado al hecho de que los sistemas sociales de seguridad social y el mercado intervienen en la configuración de los sistemas familiares en la realidad concreta.

Como se verá mas adelante, para superar la anomia y crisis moral del período presente, la redefinición de las expectativas de rol entre marido y mujer es central en las nuevas necesidades funcionales del parentesco en la sociedad postindustrial; así también las obligaciones de reciprocidad entre los hijos y los padres, ante las necesidades funcionales que emergen de la mayor esperanza de vida de las personas.

3. EL ENVEJECIMIENTO SOCIAL Y SUS CONSECUENCIAS

Pensar en el envejecimiento social remite al flujo generacional. Una generación[19] se define como el grupo de personas cuyas fechas de nacimiento son próximas y son por tanto de la misma edad—un rango de cuatro años antes o después—y que por esa razón comparten experiencias sociopolíticas. Por ejemplo, la generación de los sesentas comparte la experiencia del amor libre y la lucha estudiantil. Evidentemente, toda generación en edad productiva tiene una serie de relaciones con los viejos de su sociedad, que la precedieron y engendraron; y con los niños y adolescentes que ella ha engendrado.

En suma: las generaciones son y viven un período, son cohortes o grupos de edad, comparten un contexto histórico social político y cultural; están determinadas por las fuerzas sociales y culturales y/o contraculturales de su medio ambiente y mantienen relaciones con la generación previa que la engendró y formó, y con las posteriores, que ella engendró y forma.

Dada la realidad de los códigos de parentesco ya estudiada, la constatación del proceso de envejecimiento social (aumento en la proporción

---

[19] Otro criterio es la cohorte, de edades. Pues una generación refiere a padres-hijos-padres-hijos . . . al origen de los tiempos.

de personas adultas mayores) hace necesario preguntar lo siguiente: ¿Cuáles son las expectativas de solidaridad y las obligaciones resultantes entre generaciones? ¿Qué deben los adultos a los viejos, y qué les obliga con los niños y adolescentes?

Definir el envejecimiento de la sociedad es referirse a la mayor esperanza de vida, por un lado y a la disminución de la fecundidad de las mujeres, la cual redunda en una tasa de natalidad decreciente, por otro; disminución de la fecundidad que da por resultado un cambio en la estructura de edades de la población de modo tal que la base de la pirámide poblacional—representación gráfica de las proporciones de individuos de edades diversas de una sociedad—comience a achicarse en su base, adquiriendo la forma de un panqué, primero, y de un hongo, después. Esto expresa que la proporción de niños y adolescentes se redujo o en el caso de las proyecciones, se reducirá, y expresa que aumenta la proporción de adultos en edad productiva y de adultos mayores en retiro.

Paralelamente, la mortandad ha disminuido, además de haber cambiado, notoriamente, en sus causas: las infecciones intestinales y respiratorias dejan de ser la causa principal de muerte, debido a la presencia reciente de los antibióticos; y aparecen como causas de muerte principales las enfermedades crónico degenerativas: del corazón y arteriales, tumores, y diabetes. Este proceso, conocido como cambio epidemiológico, impacta los sistemas de atención de la salud de las sociedades, porque al modificarse los costos y complejidad de las necesidades de atención médica, se altera la funcionalidad de las estructuras hospitalarias existentes o por crearse. Estos fenómenos generan respuestas sociopolíticas. Por ejemplo, en la Ciudad de México, ahora los adultos mayores de 70 años reciben una pensión alimentaria y atención médica gratuita de manera universal. De manera paralela, las personas comienzan a desarrollar una forma de pensar a la vejez y a tener una nueva percepción del tiempo social, es decir, las normas derivadas de la realidad biológica y social de las edades de la vida: la edad prereproductiva (o formativa), la edad reproductiva y la edad posreproductiva.

3.1 Tiempo social: patrones de historias y ciclos de vida: aprendizaje, producción-reproducción y retiro

La mayor esperanza de vida, en promedio y experimentada por algunos grupos más que otros en la realidad, debida a las condiciones de vida y a los avances médicos, trae la consecuencia de una modificación de las edades productivas y de retiro y de tiempo de formación de las personas como se explicará en dos modelos, natural anterior y tecnológico actual.

La introducción de la tecnología en las ramas de transportes, comunicaciones y sobre todo médica, arroja una esperanza de vida que se acerca a los noventa años.

Las edades de la vida son tres: la formativa o prerreproductiva, que comprende la infancia, la niñez y la adolescencia; la edad reproductiva, que comprende los ciclos de la juventud y la edad adulta y la edad postreproductiva que comprende la vejez y la ancianidad[20].

La cuarta edad o ancianidad es patente si se pierden la autonomía y se presenta la incapacidad y deterioro que hacen depender de otros. Por tanto, el vivir la tercera edad—edad de retiro—es un derecho universal que, sin embargo en México y América Latina es un privilegio, toda vez que la pensión por jubilación y una buena asistencia médica son condiciones para vivir ese ciclo de manera independiente.

Cuando no se es independiente y con la edad, se pasa de lleno a la cuarta edad caracterizada por la incapacidad y dependencia. Hay que destacar que el cambio tecnológico está propiciando que el concepto y realidad de las edades de la vida se modifiquen de modo que son móviles en diferentes períodos las edades de la vida, las cuales en general son: 1) la formativa o pre-reproductiva, hasta la adolescencia; 2) la reproductiva durante la juventud y la edad adulta; y 3) la edad pos-reproductiva considerada como la edad del retiro. Son distintas antes y después del cambio tecnológico, apareciendo la cuarta edad como se expresa en lo que sigue:

Estructura de edades de una población en general por grandes grupos de edad antes del cambio socio tecnológico y después

Antes del cambio		Después del cambio socio tecnológico	
0-14	(pre-reproductiva)	0-14	(primera edad)
15-65	(reproductiva)	15-65	(segunda edad)
65 y más	(posreproductiva)	65-79	(Tercera edad)
		80- . . .	(Cuarta edad)

Para los sistemas político electoral, el envejecimiento de la sociedad implica la importancia creciente de los electores adultos mayores, razón por la cual no es sorprendente que los estrategas electorales de los diversos partidos busquen generar políticas públicas que les atraiga su voto en los

---

[20]   Ver El envejecimiento en Mèxico, de Roberto Ham.Chande, Mèxico, Ed. Porrùa, 2003

procesos electorales. Por ejemplo, en la Ciudad de México (Distrito Federal) el envejecimiento de la estructura por edad es un proceso que muestra un ritmo muy acelerado. En el Distrito Federal residen cerca de 9 millones de habitantes, se estima una población con 60 años y más de poco más de 800 mil personas en el 2002, los mismos que representan 9.4% del conjunto de la población en esta entidad federativa y los mismos que se prevé alcanzarán 14% para el 2015 y el 21% para el 2030[21]. En términos electorales la población adulta mayor llegará a ser una parte significativa y definitoria de los procesos políticos. Para el 2010, la población con 60 años y más representará del padrón electoral el 16% y en el 2030 poco menos del doble. Lo cual explicaría la razón de ser de la política del apoyo alimentario a los adultos mayores en esta entidad.

El envejecimiento social, producto del cambio demográfico y epidemiológico señalado, impacta al modelo económico y de forma de Estado, neoliberal o estatista, al crear dilemas en las decisiones de políticas sociales, en particular, de pensiones y de atención a la salud.

CONCLUSIÓN

Los "ladrillos y mezcla" vistos en este ensayo como esenciales de lo social—interacción, redes sociales, familia, generaciones, amistad y solidaridad—remiten a la pluralidad de paradigmas en la sociología: diversidad de maneras de enfocar una misma realidad. La actitud didáctica correcta es la crítica que establezca dentro de cuál paradigma se discute o investiga.

Estos elementos básicos permitieron un acercamiento a la naturaleza de la confianza y colaboración entre las gentes. Se consideró la existencia de los principios de parentesco y su impacto en producir tipos de familia y funciones familiares. Se observó que el envejecimiento social y aumento de la esperanza de vida promedio cambia el patrón de edades productivas y de retiro con todas las implicaciones en términos de planeación de la seguridad social y de las relaciones intrafamiliares. Se infiere claramente que la filosofía y ética social si quiere ejercer funciones normativas y propuestas sociales en plataformas partidistas de políticas públicas, entonces solamente habrán de ser válidas con base en la investigación empírica y en los cánones de la sociología científica.

---

[21]   Según el Consejo Nacional de Población, proyecciones demográficas para el Distrito Federal, CONAPO, México, 2002.

Actividad de aprendizaje 2.1: "Mi red de relaciones, instrumentales, afectivas y de amistad (confianza)".

A fin de desarrollar habilidades modernas de interacción, habilidades que son un déficit en la formación universitaria, es adecuada una toma de conciencia de las distintas naturalezas y propiedades de las relaciones sociales.

1. Hacer una lista de las esferas (escuela, barrio, club, etc.) en que te desenvuelves.
2. Hacer una lista con las cinco personas con quien más hayas interactuado en cada esfera en los últimos seis meses, y anota el tipo de relación que tiene.
3. Ya que hayan reflexionado sobre tu red social actual, compárala con la que tenías hace cinco años y analiza cómo se ha modificado.

Ayer y hoy: relaciones dentro de las esferas de interacción:

Cinco relaciones actuales (más interacción)	Tipo de relación	Cinco relaciones hace cinco años	Tipo de relación
1. 2. 3. 4. 5.		1. 2. 3. 4. 5.	
Reflexión:			

Actividad de aprendizaje 2.2: Ejercicio de percepción grupal sobre el sistema familiar.

Propósito: que los alumnos saquen por sí mismo la nueva percepción y normativa de la familia, a fin de generar una visión de principios.

1. En grupos de seis, durante diez minutos, analicen su realidad y lo que perciben del sistema familiar actualmente y cada quien diga un rasgo

característico del grupo solidario familiar de hoy: nuevos problemas; nuevas reglas o nuevas realidades.
2. Cada grupo hace un listado, y un representante los anota en el pizarrón.
3. El grupo en pleno analiza las respuestas y pide aclaración de significados y manifiesta acuerdos y desacuerdos.
4. Cada alumno busca el común denominador de las percepciones, se hace una votación para definir cuáles son los comunes denominadores de la percepción grupal.
5. Se discuten los resultados.

Actividad de Aprendizaje 2.3: Reaccionando ante Situaciones de Pareja

El seminario busca que los alumnos emitan juicios críticos sobre su proyecto de vida y el de sus amigos y compañeros, por tanto acerca de los hechos sociales del matrimonio y la familia.

Ejercicio I

- Grupos de seis a ocho alumnos
- Arroja alguno de los integrantes el dado y contesta la pregunta del cuadro según el número que le haya salido.
- Los demás le pueden preguntar o aclarar puntos.
- Le corresponde a continuación a otro alumno tirar el dado. No importa si se repiten las preguntas.

1. Tu esposo(a) se opone a que cambies de trabajo que implica viajar frecuentemente. ¿Aceptarías su punto? ¿Si o no por qué?	2. Tu esposa(o) es muy apegado al catolicismo y sólo acepta el método de ritmo para planificar la familia. Ya tienen los hijos deseados y es posible un nuevo embarazo de no usas anticonceptivos. ¿Lo(a) persuadirías a usarlos? Si, sí ¿con qué argumento? Si, no, ¿por qué?	3. Ocurre que a tu cónyuge le quedó su mamá (o abuela) sola y es una persona que requiere atención. ¿Aceptarías que viva con ustedes?

4. Tu cónyuge gana igual o más que tu, pero considera que está bien que todo su ingreso es para ella (el) y lo invierte a su nombre, y además piensa que lo correcto es que tú pagues los gastos del hogar. ¿Aceptarías su postura? Si sí ¿por qué y si no por qué y cómo la persuadirías?	5. Tu esposo(a) tiene una compañera(o) de trabajo con quien evidentemente se entiende muy bien. Se presenta un viaje de trabajo o negocios en el que habrán de salir juntos por ocho días. ¿Té opondrías? Si, sí ¿por qué? y si no ¿por qué no?	6. Tu esposo(a) piensa que para tener éxito en su vida profesional debe evitar tener hijos definitivamente, por lo que decide utilizar un método permanente (vasectomía/ligado de trompas de Falopio). ¿Estarías de acuerdo? Si sí por qué y si no ¿cómo la persuadirías?

Ejercicio II

Reaccionando ante Situaciones de Pareja

- Grupos de seis a ocho alumnos
- Arroja alguno de los integrantes el dado y contesta la pregunta del cuadro según el número que le haya salido.
- Los demás le pueden preguntar aclarando puntos.
- Le corresponde a continuación a otro alumno tirar el dado. No importa si se repiten las preguntas
-

1. Una enfermedad crónica demanda una hospitalización de tu suegra, el costo es tal que los planes de vivienda y auto nuevo tendrán que cancelarse. ¿Aceptarías cargar con los costos? ¿Qué opción encuentras?	2. Tu esposo(a) te dice que la casa que están pagando entre los dos a 15 años debe quedar escriturada a su nombre por ser mujer y la madre de tus hijos. ¿Estarías de acuerdo? ¿Qué alternativa propones?	3. Enumera cinco trabajos que no son apropiados para mujeres(hombres)

4. Narra como se originó y terminó tu último noviazgo. ¿Por qué causa terminaron?	5. Descubres que tu cónyuge tiene una relación extramatrimonial. El (ella) te afirma que solo fue una "aventura" y que no se repetirá. Aceptarías continuar el matrimonio. Si sí, por qué y si no por qué no	6. Tu esposo(a) te pide que te dediques exclusivamente al cuidado y atención de los hijos dejando tu actual empleo, dado que el (ella) gana suficiente. ¿Aceptarías? Si sí, por qué; y si no, por qué no.

Actividad de aprendizaje 2.4: Debate social sobre la seguridad social

Se responderá a la pregunta de: ¿Cuáles son las expectativas de solidaridad y las obligaciones resultantes entre generaciones? ¿Qué deben los adultos a los viejos, y que les obliga con los niños y adolescentes?

¿Cuál es la responsabilidad del Estado ante la salud y la seguridad social? ¿Qué deben hacer las organizaciones ciudadanas por los grupos vulnerables?

Nota bibliográfica

El artículo titulado *"La sociedad en México"* de Alfonso Rodríguez Coss, es de interés para conocer los cambios de la sociedad mexicana. México, Ediciones Castillo ITESM, 2002.

Para una profundización conceptual y un estudio exploratorio sobre la familia cuando la mujer trabaja, es recomendable leer. *Tópicos sociológicos sobre la familia y el trabajo de la mujer,* de Gabriel Romeu Adalid. Ed. Impresiones pedagógicas. México, 1996

Es muy esclarecedor conocer el Programa de las Naciones Unidas para el Desarrollo (PNUD) en particular el artículo "El corazón invisible: la atención y la economía mundial" en *Informe sobre el desarrollo humano, 1999.*

Carlos Welti profundizó la situación de los jóvenes en América Latina con su artículo: *"Adolescents in Latin America, facing the future with skepticism",* fue publicado en *The World´s Youth* en Cambridge University Press. 2003.

Un estudio básico sobre la familia, es el libro de Leñero Otero Luis, *El fenómeno familiar en México.* IMES A.C. México, 1984

Capítulo 3

La política en México

(Con apéndice sobre la corrupción y la impunidad)

Introducción

Este texto trata de la didáctica de la política y el tema central es la relación entre la cultura política de los mexicanos con el esquema político de la Constitución Mexicana.

El modelo para enseñar y estudiar la relación entre el armazón institucional (leyes político constitucionales), llámese "X", y la cultura política (valores, actitudes y acciones típicas), llámese "T". La relación conceptual se expresa de la siguiente manera:

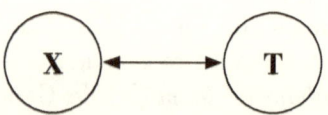

El esquema muestra para todo sistema político, que la estructura de las instituciones políticas afecta a la cultura política, y a su vez es afectada por ésta y ambas determinan la estabilidad y efectividad de un gobierno. Si son dos factores los que afectan la efectividad democrática de un sistema político, entonces cabe preguntar qué es de mayor peso y fuerza en la consolidación de una democracia: la cultura o bien las instituciones políticas. Se llega entonces a la discusión que han llevado adelante Giovani Sartory y Gabriel Almond. Discusión acerca del peso y determinación para lograrse o abortarse las transiciones desde el autoritarismo a la democracia; peso de las formas de la cultura política de un pueblo frente al peso del armazón institucional o constitución política que lo rige. Sartori afirma que lo determinante son las instituciones y ejemplifica con Europa del Este, Grecia y Chile: lo determinante son las reformas institucionales; la cultura política se adapta; es adaptable. En la visión de Gabriel Almond, por lo contrario, lo que da cuenta del desmantelamiento de las democracias entre 1930 y 1940 (Alemania, España, Italia) son las fallas en la cultura política; pues las instituciones se reforman; son reformables en un proceso de modernización política.

La discusión acerca de las condiciones de una modernización política paralela con una modernización económica se pregunta esto: ¿cómo es posible la industrialización y a la vez la democracia? ¿Por qué unas naciones sí lo consiguieron y otras no? ¿Qué alianzas sociales históricas se asocian con unas y otras y por tanto lo explican? El campesinado parece ser la pieza maestra de las experiencias históricas de los proceso de democratización con industrialización; específicamente cómo se hizo participar al campesinado o si solamente fue utilizado como apoyo indirecto a regímenes autoritarios. Se describirá ahora el régimen constitucional de la política mexicana y en seguida se aplicaran algunas teorías de la evolución política al caso mexicano para finalizar considerando la cultura política de los mexicanos.

1. ESQUEMA CONSTITUCIONAL MEXICANO

De cara al futuro se presentó la discusión acerca de la salud de la Constitución mexicana. Tal debate arrojó un consenso al final en cuanto a que los principios y declaraciones fundamentales están aún vigentes. Así, la República Federal, Democrática y Representativa y con División de poderes. De igual modo no se cuestionó su humanismo ni a la separación Iglesia-Estado; tampoco la intervención de este último en la economía y en la protección de los más desfavorecidos y en la responsabilidad por los derechos sociales. En cambio, la ciudadanía toda reclama mayor eficiencia lo cual llama a reformar la estructura de poder en sus relaciones entre el poder ejecutivo, el legislativo y el judicial de cara a las nuevas realidades de la soberanía nacional.

La Soberanía Nacional

¿Qué significa en la Constitución de 1917 que la soberanía nacional reside originariamente en el pueblo?

¿Qué es la soberanía nacional? ¿Son los conceptos de nación y pueblo equivalentes?

La soberanía nacional reside en el pueblo, en el pueblo de Rousseau, en el pueblo que trabaja para su felicidad. Y reside "esencial y originariamente". *Originariamente* quiere decir que jamás ha dejado de residir en el pueblo; aunque la fuerza haya dominado, no por ello prescribió a su favor, porque uno de los elementos de la soberanía es su imprescriptibilidad. Y lo hace de manera *"esencial"* porque en todo momento el pueblo es soberano; aun cuando delegue su soberanía a sus representantes; a los cales nombra, ante la imposibilidad de reunirse personalmente y decidir todas las cuestiones que afectan la vida de la nación. Estos representantes están bajo instrucciones y mando.

"Es voluntad del pueblo mexicano constituirse en una República representativa, democrática, federal . . ." (Artículo 40 Constitución 1917)

La República

La República es una forma de gobierno cuyas características están dominadas por dos principios, el electivo de sus gobernantes y de representación de la soberanía que reside en el pueblo.

El jefe de Estado se legitimará en el ejercicio del poder público mediante una elección; la sucesión y sustitución del jefe de Estado se realiza igualmente a través de elecciones; los cargos no son vitalicios sino que deben elegirse con cierta periodicidad preestablecida; las elecciones implican la libre opción de los votantes para ejercer el sufragio; y la elección del jefe de Estado permite que éste sea responsable políticamente ante sus electores y no sólo el jefe de gobierno.

El principio de representación se caracteriza: por la idea de representación nacional proveniente de la Asamblea Constituyente de la Revolución Francesa, mediante el cual el titular de la soberanía es la nación y no los ciudadanos individualmente considerados; y los representantes no ejercen un mandato de derecho privado sino una función pública que implica la votación y participación en los asuntos públicos de conformidad a sus decisiones y no a la de los electores.

Democracia

La palabra democracia considerando a su etimología puede hablarse del gobierno del pueblo. La definición hecha por Lincoln se recuerda, quien habló de un gobierno del pueblo, por el pueblo y para el pueblo.

La organización democrática de un pueblo es, en sí, independiente de la forma de gobierno. Han existido en la historia repúblicas aristocráticas y repúblicas democráticas. Ha habido también monarquías aristocráticas y monarquías democráticas.

La aristocracia tiene más afinidades con la forma monárquica, y la democracia con la forma republicana, en virtud de que la primera encuentra en la nobleza el apoyo del trono, mientras que en la república se busca, con afinidad natural, el apoyo del pueblo.

La clasificación más conocida de los sistemas democráticos, es la de que existen tres tipos de regímenes democráticos: la democracia directa, la democracia semidirecta y la democracia representativa.

División del Poder Supremo

El Supremo Poder de la federación se divide, para su ejercicio, en Legislativo, Ejecutivo y Judicial.

No podrán reunirse dos o más de estos Poderes en una sola persona o corporación, ni depositarse el Legislativo en un individuo, salvo el caso de facultades extraordinarias al Ejecutivo de la Unión conforme a lo dispuesto en el artículo 29. En ningún otro caso, salvo lo dispuesto en el segundo párrafo del articulo 131 se otorgarán facultades extraordinarias para legislar . . ." (Artículo 49 de la Constitución de 1917)

En el artículo 29 se refiere a la suspensión de garantías individuales y a las facultades extraordinarias para legislar que el Congreso puede otorgar al presidente para superar la emergencia en que se encuentre el país.

La Representación Política

Se acepta que la representación política corresponde más bien a intereses de carácter general. Los representantes no lo son del electorado, por más que se les haya elegido como representantes del pueblo, o más bien, de la nación.

El fundamento jurídico de la forma representativa se encuentra en el proceso electoral que se usa en la nominación de representantes ante las cámaras o asambleas legislativas.

Organización Política del Estado Mexicano

"Es voluntad del pueblo mexicano constituirse en una República representativa, democrática y federal, compuesta de Estados libres y soberanos en todo lo concerniente a su régimen interior, pero unidos en una Federación establecida según los principios de esta ley fundamental . . ." (Artículo 40 Constitución de 1917)

Naturaleza del Estado Federal Mexicano

"El pueblo ejerce su soberanía por medio de los Poderes de la Unión, en los casos de competencia de éstos, y por los Estados, en lo que toca a sus regímenes interiores, en los términos respectivos establecidos por la presente Constitución Federal y las particulares de los Estados, las que en ningún caso podrán contravenir las estipulaciones del pacto federal . . ." (Artículo 41 Constitución de 1917)

Los Estados adoptarán, para su régimen interior, la forma de gobierno republicano, representativo, popular, teniendo como base de su división territorial y de su organización política y administrativa, el Municipio Libre . . ." (Artículo 115 de la Constitución de 1917)

"Todo lo que no esté expresamente atribuido a la federación es competencia de las entidades federativas . . ." (Artículo 124)

Estructura e Integración del Poder Público

Los titulares de los Poderes Ejecutivo (Presidente de la República) y legislativo (Diputados y Senadores) son designados por la vía electoral, única fuente jurídicamente válida, reconocida y legítima para la integración de dichos poderes.

El Poder Judicial, por su parte, se conforma con la intervención de los otros Poderes. De esta forma, los 11 Ministros que integran la Suprema Corte de Justicia de la Nación son designados por el voto de las dos terceras partes de los miembros del Senado, a partir de las propuestas presentadas por el Presidente de la República.

Naturaleza y Características del Poder Legislativo Federal

"El Poder Legislativo de los Estados Unidos Mexicanos se deposita en un Congreso General, que se dividirá en dos Cámaras, Una de diputados y una de senadores . . ." (Artículo 50)

"Las Legislaturas de los Estados se integrarán con diputados elegidos según los principios de mayoría relativa y de representación proporcional en los términos que señalan sus leyes . . ." (Artículo 116 fracción II)

La elección de los 300 diputados federales por el principio de la mayoría relativa se realiza en igual número de distritos uninominales. La distribución de los 300 distritos entre las 32 entidades federativas se determina en función del porcentaje de la población que reside en cada una de ellas sobre el total nacional.

La elección de los 200 diputados por el principio de representación proporcional se realiza al dividir el territorio nacional en circunscripciones plurinominales. En la actualidad existen cinco circunscripciones plurinominales, en cada una de las cuales se elige por igual a 40 diputados.

Integración

La Constitución Política ordena que al partido que cumpla con los requisitos se le asigne diputados de representación proporcional de acuerdo con su votación nacional y en principio, de manera independiente de las diputaciones de mayoría relativa que hubiesen obtenido sus candidatos

Los principios de pluralidad y proporcionalidad en la integración partidista de la Cámara de Diputados quedan asegurados, en primer término, por un límite máximo de representación de la fuerza de mayoría que en ningún caso puede ser superior al 60% de los escaños, pero también, por el hecho de que, como regla general, en ningún caso el eventual nivel de sobre representación de un partido político puede ser superior al 8% en la relación escaños frente a votos.

Ningún partido político podrá contar por sí solo con la mayoría calificada de dos tercios de los escaños de la Cámara de Diputados (333) requerida para introducir cambios o adiciones al texto constitucional. Desde 1993, toda reforma constitucional debe ser resultado de un proceso de concertación y acuerdo pluripartidista, o que al menos involucre a dos fuerzas políticas distintas, cuya suma de votos implique la mayoría calificada.

El Senado se integrará por 128 Senadores de los cuales, en cada Estado y en el Distrito Federal, dos serán elegidos según el principio de votación mayoritaria relativa y uno será asignado a la primera minoría.

Los 32 Senadores restantes serán elegidos según el principio de representación proporcional, mediante el sistema de listas votadas en una sola circunscripción plurinominal nacional.

2. TEORÍA GENERAL DE LA EVOLUCIÓN POLÍTICA DE LAS NACIONES EN PROCESO DE CAMBIO Y EL CASO MEXICANO

2.1 Discusión teórica sobre la evolución política de manera sumaria

La teoría de la evolución política [22] escudriña la manera como se concentra o se dispersa el poder político en una sociedad. Se percata de cómo, con la modernidad y la industrialización resulta que el campesinado—clase precapitalista—juega un papel central en el tipo de alianzas de clases y con el Estado y con los poderes externos que se logren cristalizar. Una industrialización con democracia pide la formación de una ciudadanía adecuada. En los Estados Unidos, la administración Kenedy impulsó la Alianza para el Progreso en toda América Latina, programa inspirado en la teoría de la modernización política; programa cuya base era la ayuda económica a diversas políticas públicas.

Samuel Huntington criticó a la Alianza para el Progreso y a la vez plantea la tesis de que el desarrollo político democrático se da con instituciones fuertes, flexibles y adaptables, capaces de canalizar la creciente participación la cual es generada por la transformación socioeconómica—nuevos proletarios, mujeres trabajadoras, clase medias profesionales, etc.—participación que necesita ser canalizada políticamente; y que no es con ayuda económica en sí como se crean estas instituciones. Sartori y Huntington concuerdan en cuanto al peso determinante mayor de las instituciones políticas, que el de la cultura política para la evolución democrática.

---

[22] Algunos textos teóricos aplicables son por ejemplo: Barrington Moore Jr. *Los orígenes sociales de la dictadura y de la democracia;* Seimur Martin Lipzet, *The first new nation;* Reinhard Bendix, *Estado nacional y ciudadanía;* Gabriel Almond y James Coleman: *The politics of developing areas;* Samuel Huntington, *El orden político en las sociedades en cambio.*

2.2 Momentos de configuración de la evolución política en general

Primer momento: *Desmembración o fragmentación:* Un país como sujeto pasivo exacción de recursos que genera ruptura de la legitimidad de la dominación central colonial y desarticulación de sistema tributario, formación de caudillos con mando sobre regiones, involución de las vías y medios de comunicación y transporte, bandolerismo y desorden y choque de gavillas; por ejemplo, toda América Latina después de las independencias Latinoamericanas.

Segundo momento: *Concentración*: integración estratégica de caudillos y caciques a un <u>proyecto económico nacional</u> y el orden con la paz social como requisito. Ejemplo, el régimen de Porfirio Díaz.

Tercer momento: *Expansión*: destrucción de mandos obstaculizadores e incorporación de las masas al sistema político y captación e inclusión de los nuevos y renovados liderazgos creados en nuevos sectores y grupos y por el volumen creciente de ciudadanos, ejemplo, la creación del Partido Nacional Revolucionario (PNR), que más tarde sería el Partido Revolucionario Institucional (PRI) en México.

Cuarto momento: *Dispersión: distribución pluralizada:* división por multiplicación de las fuerzas políticas organizadas, que se expanden e integran nuevos liderazgos renovados y articulan a los volúmenes crecientes de ciudadanos en sectores y situaciones diferenciadas hasta más allá de las fronteras nacionales, ejemplo la formación del sistema mexicano de partidos en los noventas, que incluye a izquierdas y derechas.

Quinto momento: *Distribución pluralizada y difusión*: expansión por el espacio de las actividades ideológicas y con fines de captar votos a favor para sus plataformas electorales, por parte de las distintas—plurales— organizaciones políticas, propiciado por fenómenos de índole migratoria y de coordinación entre Estados nacionales en la era de la integración regional y la globalización. Por ejemplo, la amplificación del voto a los mexicanos en los Estados Unidos.

Visión del desarrollo político en su conjunto

Etapa	Poder político
Primera	Fragmentación
Segunda	Concentración
Tercera	Concentración + expansión
Cuarta	Concentración + expansión + distribución pluralizada.
Quinta	Concentración + expansión + distribución pluralizada + difusión
Sexta	¡fragmentacióm?¿¿

3. APLICACIÓN DE LA TEORÍA A LA EVOLUCIÓN POLÍTICA MEXICANA

Las reformas electorales del régimen —autoritario— mexicano son el momento de cristalización de los cambios y tendencias en sus diferentes fases de evolución hasta llegar a la fase expansiva de evolución política, la cual es una evolución política hacia la satisfacción de demandas de participación ampliada en la etapa de la distribución polarizada del poder, como se explica a continuación comenzando con la fase de la creación de las instituciones políticas posrevolucionarias mexicanas en el siglo XX.

3.1 Nacimiento. En un primer momento el Maximato: creación del PRM para la incorporación al equipo o eliminación violenta de cabezas de fuerzas políticas y militares; y prueba de un sistema de rotación de grupos de un mismo partido en el poder ejecutivo, bajo una diarquía temporal.

En un segundo momento: cristalización del presidencialismo con Lázaro Cárdenas y la política de masas del cardenismo. Se crean las piezas centrales del sistema: presidencia, partido corporativo e ideología nacional revolucionaria.

3.2 Apogeo Estabilidad política para la industrialización por sustitución de importaciones y la explotación petrolera y el desarrollo del modelo agropecuario mixto (ejidal-privado) basado en la dinámica generada por obras de irrigación gigantes.

3.3 Apertura controlada. Aparición de nuevas demandas de participación de grupos inconformes. Exasperación militarizada de grupos excluidos provoca la necesidad de dar salida legal al creciente liderazgo inconforme. La reforma electoral es la acción que cristaliza los cambios políticos y sociales. En el lapso de la apertura controlada las reformas electorales son estas:

- 1964: Aparece el Diputado de partido (hasta 20 para la oposición) Con la Ley Federal Electoral.
- 1977: Se llegó con la LOPPE (Ley de Organizaciones Políticas y Procesos Electorales) a legalizar los partidos de izquierda; y se crean los diputados de representación proporcional.
- 1987: Al crearse el Código Federal Electoral, el número de diputados de representación proporcional se amplia este año, de 100 a 200; y se establece, después de más de cien años de ausencia en el proceso electoral, un Tribunal Electoral de competencia administrativa, para recursos y medios de impugnación en materia electoral.

3.4 *Liberalización*. Organización de la posibilidad de la alternancia. Desarrollo de un pensamiento político administrativo liberal racional, creciente complejidad de las actividades económicas y sociales, mundialización de la economía y las comunicaciones, y la masiva decisión del ciudadano medio de abandonar el rol pasivo en y hacia la política.

- 1989-90: A partir de cambio a 7 artículos constitucionales, se dio la creación del IFE (Instituto Federal Electoral) con Secretario de Gobernación como presidente; y la primera versión del COFIPE (Código Federal de Instituciones y Procesos Electorales). Financiamiento público definido. Padrón electoral. Credencial con fotografía para votar. Consejeros Magistrados. Prohíbe candidaturas comunes.
- 1993. Observador electoral nacional. Competencias al tribunal electoral. Apertura del senado (senador de primera minoría).
- 1994 Con el cambio del artículo 41 constitucional, los Consejeros Ciudadanos desde un organismo público y autónomo organizarán las elecciones; observadores electorales extranjeros y medidas adicionales para limpieza electoral.
- 1996 A partir de cambio en 18 artículos constitucionales, surgen los Consejeros Electorales (sale el representante del ejecutivo); prohíbe afiliación colectiva; voto más allá del distrito electoral, autonomía política al IFE; formas de financiamiento público y acceso a medio de comunicación más equitativas: 70% según fuerza en la elección anterior; 30% igualitaria. Crea 32 senadores de representación proporcional; Tribunal Electoral que forma parte del Poder Judicial TEPJF (Tribunal Electoral del Poder Judicial de la Federación) que en su Sala Superior califica la elección; tope a la sobre-representación en la Cámara de

Diputados del 8%; cambio político al DF: se elige al Jefe de Gobierno y a partir del 2000 a los delegados[23].

3.5 *Distribución pluralizada*. Se perfila la mayor complejidad, control mutuo, chequeo entre fuerzas, mercantilización de la política, relevancia mayor del parlamentarismo, y discusión en los medios electrónicos; creciente fuerza de la opinión pública; redefinición del rol presidencial ejecutivo; consolidación plural de las organizaciones y partidos políticos y la lucha por la incorporación de todas o casi todas las demandas de participación ciudadana legítima sin consideración de ubicación territorial temporal o propósito aparente; las pautas participativas y normas democráticas formales, se difunden y realizan ampliamente por la nación.

3.6 *Difusión de la distribución pluralizada*. Será cuando la actividad de los partidos políticos mexicanos y de las asociaciones políticas se realice legalmente más allá de las fronteras y cuando operativamente sea posible votar para todo ciudadano en los comicios durante las jornadas electorales, dondequiera que el elector mexicano se encuentre, particularmente en los Estados Unidos.

4. CULTURA POLÍTICA Y CÍVICA DE LOS MEXICANOS

Cultura política se refiere a la distribución social de las orientaciones y actitudes hacia el sistema político y hacia uno mismo como actor en el sistema.

---

[23] Algunos de los vicios de la reforma electoral de 1996 que se mostraron en los subsecuentes comicios son estos: vicios del sistema electoral y de partidos. Fiscalización de ingreso/gasto de los partidos y el patrimonio de los partidos. Problemas de competencia ente el Instituto Federal Electoral y los Institutos estatales electorales; la compra y coacción del voto, por tanto atentados contra la libertad del sufragio; precampañas no reguladas, por tanto inequidad; el exceso de gasto de los presupuestos—70% aproximadamente—de los partidos, a medios de comunicación electrónica. Cláusula de gobernabilidad, que estipula que si se tiene un porcentaje de los escaños producto de triunfos uninominales por arriba de la votación nacional obtenida, se tolera pasar el tope de 8%. Se favorece a partidos mayoritarios la forma de integración del senado y subrepresenta a otras fuerzas políticas. No permite a cualquier ciudadano emprender acciones de discutir posible inconstitucionalidad de cualquier ley electoral. La constitución sólo lo permite a los partidos y legisladores. No permite la Constitución que solamente un órgano regule y organice todas las elecciones. Faltan mecanismos de democracia directa: referéndum, iniciativa legislativa popular y plebiscito.

Hablamos de cultura política justo como hablamos de una cultura económica o de una cultura religiosa. Esto es, una serie de actitudes, valores y opiniones hacia objetos y procesos políticos. La cultura política de una sociedad es el sistema político como internalizado o hecho procesos subjetivos, en las cogniciones, afecto y evaluaciones de los individuos de su población.

Pero la cultura cívica es algo más. En primer lugar, la cultura cívica es una cultura de participación leal. Los individuos no sólo intentan influir en las decisiones y su aplicación, sino que además están orientados positivamente a las estructuras y procesos de elaboración de decisiones. En otras palabras, la cultura cívica[24] es una cultura política participativa en la cual hay *congruencia entre la cultura política y la estructura política.*

La cultura política del mexicano es el tema que sirve de hilo conductor en la siguiente revisión bibliográfica. Selecciono para su revisión una entre varias posibles tradiciones sobre el tema. La tradición que tomo se manifiesta en seis obras relacionadas entre sí por el criterio de la mutua referencia. El criterio de selección es por tanto, el hecho de que, acumulativamente, los autores de esta tradición se van refiriendo, a partir de los resultados publicados en La Cultura Cívica, de Gabriel Almond y Sidney Verba. Los resultados que arroja esta obra los cita Joseph Kalh en relación con la naturaleza de la cultura política del mexicano; a su vez, ambos son citados por Robert E. Scott dentro del mismo tópico; las obras de los tres autores antes referidos son consideradas por Roger Hansen, en una síntesis de lo que evidentemente es una tradición y línea de investigación. Después Rafael Segovia al estudiar la cultura política del niño mexicano retoma a los cuatro autores, y, finalmente, Ann L. Craig y W. Cornelius resumen todas las proposiciones del período sobre la cultura política en México, dentro de esta particular tradición, en su artículo incluido en "La Cultura Cívica Revisada".

a) ***El mexicano con aspiraciones democráticas pero esencialmente alienado***: Gabriel Almond y Sidney Verba (1963) encontraron muchas inconsistencias en la cultura política de México. De entre las cinco naciones estudiadas (Alemania, Italia, México, Estados Unidos, Gran Bretaña) México tiene la más baja frecuencia en que los encuestados atribuyen impacto y significado al gobierno y también la más baja expectativa de los ciudadanos de recibir un trato igual y considerado de manos de la burocracia y de la policía. Pero al mismo tiempo, la frecuencia en la cual los mexicanos expresan orgullo de su sistema político es considerablemente más alta que los italianos y alemanes por esos años de 1959. Además, el sentido de participación, parece ser

---

[24] Cultura cívica se refiere en último análisis en la actitud hacia los bienes públicos

relativamente independiente del sentido de satisfacción con los resultados del gobierno. No es más probable que aquellos mexicanos con alto sentido de competencia política subjetiva o de eficacia política, evalúen los desempeños específicos del gobierno favorablemente, que aquellos con baja competencia política subjetiva; aunque sí es más probable que expresen afecto por el sistema en general. En este sentido, cito a los autores: "En México, entonces, la orientación de la participación parece dejar atrás a la orientación de súbdito, y el rol de participante tiende a estar aislado de un sentido de lealtad en el sentido de súbdito"[25].

Las preguntas teóricas originales, a partir de las cuales los autores revisados establecen su perspectiva de la configuración mexicana son las siguientes:

¿La cultura cívica es resultado de las instituciones democráticas? ¿O las instituciones democráticas son resultado de la cultura cívica?

La relación que ven entre estructura política y cultura política es una de acción recíproca y se esquematiza como sigue.

Estructura y procesos políticos<--------------> Cultura política

b) **El mexicano ambivalente**: Joseph Kahl (1968) El autor en cuestión afirma que, en lo general, la cultura política del mexicano se caracteriza por una ambivalencia frente al sistema político, de apoyo y desconfianza. Los mexicanos creen en un gobierno en cuyos representantes desconfían, dice con asombro este estudioso.

Joseph Kahl estudió a la cultura con relación a los conglomerados empíricos de valores tradicionales y conglomerados de valores y actitudes modernas; midió las actitudes anti-instituciones de la revolución mexicana en la derecha e izquierda políticas; midió también el radicalismo político. Observó que los mexicanos por regla general, no ponen mucha confianza en el otro; el 82% de su muestra expresó que la gente ayuda a otros, no por ser correcto, sino por que es buen negocio[26].

c) **El mestizo ambicioso de poder y pretoriano**: Roger Hansen (1971) quien se sorprendió por el limitado carácter de las demandas presentadas al sistema político en los últimos años, tanto por la proporción del total de la población implicada en la creación de las demandas como por los

---

[25] Almond, Gabriel & Verba, Sidney, **T**he *Civic Culture, Political Attitudes and Democracy in Five Nations*, p. 414.

[26] Kahl, Joseph A. The Measurement of Modernism: A Study of Values in Brazil and Mexico, p.115

pocos recursos requeridos por el gobierno para satisfacerlas. Igualmente se sorprendió del extenso apoyo difuso dado al sistema político y al régimen (PRI-Gobierno) y sus autoridades sin un *"quid pro quo"*.

Roger Hansen ha dicho que es frecuente que las experiencias primarias de los mexicanos sobre la sociabilidad, en la familia, en la escuela y en el trabajo, inculquen en ellos patrones de desconfianza y hostilidad, los cuales obstruyen la formación de lealtades que se extiendan más allá del núcleo de la estructura familiar o de una estructura ampliada. Como partidarios políticos, los mexicanos temen que su fidelidad sea traicionada, como dirigentes políticos, perpetúan el modelo de la traición. Pero en la cultura política mexicana está el mito de la conexión o palanca adecuada. Aquellos que intentan influenciar al gobierno lo harán a través de organizaciones oficialmente sancionadas y relaciones patrón-cliente, las cuales están verticalmente integradas al aparato político y, por eso, sólo se dan demandas políticas desagregadas.

Para Roger Hansen la acción política de los buscadores de poder y su elevación a sitio predominante, en el siglo XIX y XX mexicano es la variable independiente y explicativa de la relación entre estructura y cultura política. Los valores de la elite en ascenso, mezcla de idealismo altruista y egoísmo explican las configuraciones políticas y económicas mexicanas. Factores culturales y estructurales explican el que la nueva élite ("familia" revolucionaria) haya podido salirse con la suya como sigue. 1) Cultural: debido al panorama sociocultural de la cultura tradicionalista parroquial, no participativa a nivel nacional, de las masas. 2) Estructural: debido al sistema desarrollado por "Los" buscadores de poder (la Coalición Revolucionaria), sistema desarrollado el cual es una versión corregida y aumentada del sistema desarrollado por "El" buscador de poder (Porfirio Díaz).

d) *El mexicano inmaduro y macho*: Robert E. Scott (1965)

Robert E. Scott ha dicho con razón que en México las estructuras operacionales informales, no así las formales constitucionales, se ajustan a la cultura política predominante de súbdito[27]. Existiría una aguda discrepancia entre lo formal y lo real en materia constitucional. Las élites políticas debieron haber creado un sistema político en el cual, las estructuras operacionales informales y en particular la función del Partido Revolucionario Institucional (PRI), no sólo es adecuada a la subcultura política contemporánea de súbdito, cuyas pautas son dominantes (hasta

---

[27]   Scott E., Robert. "Mexico: *The Estabilished Revolution*". En *Political Culture and Political Developmentt*, p.384.

el 2 de julio del 2000), sino que tales estructuras informales y el PRI mismo, parecen capaces de ajustarse a cambios tan pronto como las pautas participativas, y normas democráticas formales, se difundan y realicen ampliamente por la nación[28].

e) **El niño mexicano autoritario**: Rafael Segovia (1975)
Segovia afirmó que la naturaleza autoritaria del régimen político mexicano se adapta y adapta a los niños y que la socialización política de los niños se hace a través de pautas autoritarias, y aunque el régimen político de México tiene una vocación democrática, es autoritario en su funcionamiento[29].

Los procesos de socialización señalan cómo y para qué el sujeto socializado llegará al sistema político. El autor en cuestión afirma la existencia de una causalidad circular entre cultura política, proceso de socialización y sistema político; pero, siguiendo a Lucian W. Pye (1965), Segovia ve que el tipo de régimen, la cultura política y el proceso de socialización deben por fuerza obedecer a un conjunto de pautas comunes. Y es que las actitudes, sentimientos y cogniciones que gobiernan e informan el comportamiento político en cualquier sociedad no son conjuntos al azar, sino que representan pautas coherentes que embonan y se refuerzan mutuamente[30]. Un régimen democrático funciona con un pensamiento político racional liberal; un régimen autoritario, con pautas militares. Es por medio de la socialización que el individuo incorpora a su propia personalidad el conocimiento y los sentimientos sobre la política de su pueblo y de su comunidad. Si bien cada generación reacciona y cuestiona sobre la cultura política trasmitida, aquellos elementos que se reproducen y persisten, reforzándose mutuamente, son lo más particular de la cultura política de una nación determinada.

f) **El mexicano cínico: Ann L. Craig y Wayne A. Cornelius (1980)**
Ciertamente la distribución de las orientaciones políticas individuales, entre ellas el sentido de eficacia política o competencia política subjetiva, se relacionan con el status socioeconómico y con la posición con respecto a las redes de mediación o *"brokers"*, de su contexto o base situacional[31].

---

[28]   Ibid. p.38
[29]   Segovia, Rafael, **La politización del niño mexicano**. México, Colegio de México, 1969,p.152.
[30]   Ibid. p.121.
[31]   Craig, L. Ann and Cornelius, Wayne A. **"Political culture in Mexico: Continuities and Revisionist Interpretations"**, 1980, p.334.

Además de con el ya mencionado proceso de socialización en sus fases subsecuentes, socialización que incluye como es obvio, el imbuirse de la experiencia histórica.

¿Por qué el mexicano es políticamente cínico / apático/ desinteresado y a la vez apoya al régimen y gobierno? La explicación hay que buscarla en la posición de cada mexicano dentro del contexto o situación base, según afirman Craig y Cornelius. De tal manera que la mencionada ambivalencia se explica por los cursos de acción disponibles encarnados en las relaciones sociales de cada cual. Las manipulaciones informales a través de las redes de clientelas que realizan los mexicanos son simplemente estrategias más eficientes y con menos riesgos, para buscar beneficios del sistema político, que otras formas de participación. Por consiguiente, son los intereses materiales y no los valores los que mueven al mexicano a participar; y los mexicanos participan colectivamente cuando no les es factible hacerlo solos. En suma, hay una incongruencia entre esta cultura política apática y cínica con las instituciones formales de la democracia representativa; "cultura política" que, sin embargo, es congruente perfectamente con la mecánica real de las redes de clientes políticos y la correduría de favores materiales.

CONCLUSIONES

El cambio hacia el modelo de mercados abiertos e internacionalización de la economía significó la necesidad (en parte influida del exterior y en parte originaria de la población) de impulsar la democracia formal.

El sistema jurídico político mexicano pasó del presidencialismo, de base corporativista y con un sistema de partido hegemónico e ideología del nacionalismo revolucionario, la cual orientaba toda la vida institucional y la cultura, al presidencialismo y parlamentarismo, basado en una cultura cívica de nuevo espacio público y participación ciudadana en el pluralismo ideológico y un sistema de partidos de fuerzas e ideologías en dispersión moderada con tres polos: la izquierda recuperada para el sistema, la derecha reconciliada con la nación y el centro pragmático en que se convirtió el que en su origen fue el PNR.

En suma: las instituciones políticas mexicanas llegaron desde un sistema de partido hegemónico a un sistema de partidos pluripartidista, entre moderado y disperso; y al presidencialismo acotado desde el presidencialismo sin frenos. En el futuro inmediato se abren las puertas a lo desconocido, para entrar a reformular el Estado de la nación mexicana en función de las relaciones sociopolíticas y socio demográficas y económicas de la región norteamericana.

Mientras tanto, nos toca avanzar en la educación cívica comenzando por prevenir que el creer que la democracia y el desarrollo sostenido y sostenible vendrán por añadidura del éxito en el comercio mundial o del mercado interno activo y en consecuencia del crecimiento del PIB con baja inflación, es invertir la causalidad de la evolución política y económica: una nación exitosa en el concierto de la mundialización sólo es resultado de su fortaleza espiritual y moral y de la cultura política e identitaria subyacente, de donde derivan las adecuaciones que sean necesarias para enfrentar los nuevos contextos. Y luego viene la productividad de la economía y la forma política legítima y deseada y el éxito en los mercados mundiales. Por lo contrario, se conduce a la perdición económica y sociopolítica cuando el cinismo en la cultura política y no integridad de los políticos tanto como de la población ciudadana se pospone al nunca llegado éxito económico y tecnológico en la nueva civilización. La ciudadanía cínica es la fuente del fracaso de una nación en el contexto de la globalización, más que el atraso tecnológico. Y es que un pueblo puede ser perfectamente materialista y saber que no es pecado enriquecerse, como los chinos y su gobierno lo declararon, pero aún tener una integridad, fuerza espiritual y valores subyacentes, que hace la diferencia con el, por desventura más frecuente vaciamiento cínico de las naciones mal integradas.

La disyuntiva es el de una cultura política de seres ruines y serviles en el marco de la distribución pluralizada del poder, lo cual conduce a la corrupción e impunidad; o en el mismo marco de distribución polarizada del poder, que broten ciudadanos y consumidores éticamente activos lo cual conduce a la participación en la justicia y el desarrollo.

El marco teórico que permitió la pedagogía del pensamiento e imaginación críticos sobre la política, considera la relación entre la estructura institucional política, el armazón institucional, que llamé "X", la eficacia del gobierno (el nivel de gobernabilidad, representación y la normalidad democrática), que llamé "Y" y la cultura política, valores y actitudes e congruencia con la identidad, que llamé "T". La relación conceptual se puedo esquematizar de la siguiente manera:

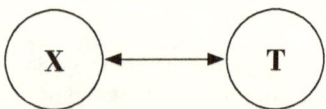

El esquema significa que, en todo sistema político hay una interrelación entre la estructura de las instituciones políticas, la estabilidad y eficacia de un gobierno, por mediación de la cultura política; pero la relación entre instituciones políticas y la cultura cívico-política se recomienda didácticamente ser completada con la visión de la cultura económica y la estructura social.

Donde E es la cultura económica y social.

Se tiene la necesidad de ver integrada las variables centrales: crecimiento del PIB y la inflación, con las etapas y momentos de la evolución política y la cultura política de la población, comprendidos los tipos ideales de pensamiento político y solidaridad social.

La cultura cívico política y económica de los mexicanos mayoritariamente no participativa, antes del quiebre de rumbo del 2 de julio del 2000, muestra plasticidad de esa fechas clave en adelante, de manera crecientemente participativa.

Se impone concluir con una respuesta a la pregunta que abrió este ensayo: ¿Qué es más importante, la cultura política o las instituciones políticas, para la eficacia del gobierno y la gobernabilidad democrática? Se concluye que no es la moralina o discursos éticos sobre la virtud cívica la receta técnica del método o forma como se consolidará la participación democrática mexicana sino con códigos de conducta e instituciones, estímulos y sanciones en organizaciones las cuales promuevan la coordinación interpersonal. Se piensa pues, que son de más peso las instituciones que las representaciones culturales para la democracia eficaz: la cultura política y cívica, se adapta.

APÉNDICE

Sobre la Corrupción y la Impunidad

La corrupción: el intercambio de bienes y servicios (dinero) por favores públicos; y la impunidad: la evasión de la acción penal. Ambos fenómenos son relativos a contextos culturales. En México, la revisión de la historia hace sospechoso al Estado, en general, de no haber velado por el bien de sus habitantes y por lo mismo no haber tenido calidad moral.

La explicación de fondo tanto de la corrupción como de la impunidad radica en los modos de coordinación de las relaciones interpersonales: el legal burocrático y el mercado, en cuyas operaciones se dan desviaciones. En el mercado, los individuos y las organizaciones en él participantes, tienen como propósito primero la generación de riqueza: apropiación de valor. En el modo legal burocrático los agentes estatales tiene como propósito primero la justicia: dar a cada quien lo suyo. Hay dos principios de la justicia en cuanto a cómo hacer leyes justas en vista de la desigualdad de origen: el favorecer a los mejor dotados y poderosos (idea de Robert Nozick [32]) o el favorecer la nivelación y reparto (idea de J. Rawls). En México el estado en tanto modo legal burocrático se ha desviado al modo de mercado: al propósito de generar valor o propiciar su apropiación, propio de las organizaciones del mercado, en vez de justicia. El Estado Nacional Mexicano privilegió el principio de justicia de dotación-aportación (de Nozick y de M. Friedman) de favorecer a los poderosos, que más aportan, salvo en el período cardenista. El inicio de una solución a la corrupción y a la impunidad no consiste sólo el imperio de las leyes en todos los ámbitos, sino que deben ser leyes justas en todo sentido (conmutativo, distributivo); y creadoras de una total demarcación entre los mecanismos del mercado (valor) y los mecanismos legal burocráticos (justicia).

1. La corrupción y la impunidad son fenómenos que adquieren formas propias en contextos particulares. Por ejemplo, en Chile, la impunidad es de los agentes represores durante el Terror golpista; y la corrupción no excluye a los arreglos privados con funcionarios públicos. En México la impunidad se relaciona con el asesinato político selectivo y la corrupción con las variantes del enriquecimiento ilícito e "inexplicable" de servidores públicos y políticos.

2. En la perspectiva histórica de México resaltan etapas en las que el poder público no esta al servicio de los sistemas sociales y las personas dentro de su jurisdicción. En la etapa colonial, el Estado colaboró con el saqueo de la riqueza y su transferencia al viejo mundo. Una frase de la época revela la relación entre el Estado y la sociedad: "La ley se acata, pero no se cumple". Durante el siglo XIX la orientación de las políticas públicas a la exportación de materias primas antes que a consolidar al mercado interno hace sospechoso al Estado nacional; así mismo el uso de la fuerza publica para asesinatos políticos selectivos resta calidad moral. Dos dichos famosos de Porfirio Díaz revelan la situación: "Mátenlos en caliente" y "Ese gallo quiere maiz[33]". Durante el funcionamiento del aparato PRI-gobierno la situación ambigua entre revolucionaria e institucional se revela en la siguiente frase que refleja el estado de la cultura política en esta época: "Que robe pero que haga obra".

3. Los modos de coordinación de las relaciones interpersonales (por las cuales las personas establecen cooperación e intercambios) mercado o

---

[32] Cfr. Robert Nozick, Anarchy, State and Utopia, New York, Basic Books, 1974. Véase también a Milton Friedman.

[33] Escrito sin acentuación.

mercantil y legal burocrático o estatal, están en México desviados en el uso de sus símbolos y recompensas para su operación. El mercado tiene por principio central generar valor; el modo legal burocrático tiene por principio central hacer justicia; sin embargo, el aparato legal burocrático se contamina con el valor y el mercado con la justicia. El Estado, modo legal burocrático tiene como principio generar justicia y sus agentes ser ambiciosos de la justicia, sedientos de justicia, no de valor. Los policías, agentes aduanales y todos los agentes del Estado y de los partidos políticos deberían de operar bajo la luz de la justicia, no del valor (riqueza); y los agentes mercantiles no querer hacer justicia.

4. La justicia tiene dos grandes principios desde el punto de vista de la acción del poder legítimo dado las desigualdades de origen: (1) dotar a los más débiles (J Rawls); (2) favorecer a los mejor dotados (M. Friedman), por ejemplo, una región ya favorecida por la naturaleza con clima, aguas, tierras: debe o no ser apoyada por las políticas públicas en su impulso hacia el progreso; o la acción del estado debe compensar a las regiones menos favorecidas y menos poderosas. Los mecanismos del mercado siempre actúan a favor de los mejor dotados: los más poderosos.

5. Existen tres posibilidades en cuanto a la acción del Estado o modo legal burocrático (justicia) y la acción del mercado (valor): (1) los mecanismos del mercado y los del Estado actúan en la misma dirección; (2) la acción del Estado (justicia) contrarresta la acción de los mecanismos del Estado en cuanto a su tendencia a favorecer a los mas dotados y poderosos; (3) la acción del modo legal burocrático encausa a los mecanismos del mercado hasta al punto de apartarlos de su propósito de generar riqueza (valor). En México, salvo el período cardenista, el modo legal burocrático se ha plegado a los propósitos y principios del mercado, hechos suyos para su operación, con ello corrompiendo los mecanismos de la justicia. Por ejemplo, al favorecer a las regiones más bien dotadas para proyectos de inversión; al favorecer la tecnología de punta sobre la que genera más empleo y al optar por el endeudamiento externo e interno en lugar de una política fiscal redistributiva.

6. La lucha contra la corrupción y la impunidad pasan por redefinir el propósito del mercado como generador de valor y el propósito del Estado como propiciador de la justicia (la transparencia de la información y la rendición de cuentas llegarán por añadidura); y en que la acción estatal contrarreste los mecanismos del mercado tendientes a la justicia tipo Milton Fridman. Es un asunto de corrección de una desviación axiológica. Esta corrección es el cambio que el régimen emanado del sufragio del 2 de julio del 2000 tiene el deber histórico de hacer.

Actividad de aprendizaje 3.1: Debatiendo los principios políticos fundamentales del Estado Mexicano

Para esta actividad de aprendizaje se sugiere organizar debates a favor y en contra de mantener el status quo donde el resto de los alumnos funcionen como jueces. Se recomienda el siguiente cuadro que agrupa los principios políticos fundamentales del Estado Mexicano y sus contrarios, para organizar las discusiones:

PRINCIPIO POÍTLICO   *PRINCIPIO CONTRARIO O DIFERENTE*

Soberanía nacional/popular	Negación de la Soberanía popular
Principios republicanos	Principios monárquicos
Sufragio efectivo no reelección	Sufragio Condicionado, reelección
Democracia	Autoritarismo
División de poderes y equilibrio y Estado de derecho	Concentración de poderes Estado de fuerza y excepción (dictadura)
Representación política	Formas de democracia directa
Federalismo con Soberanía limitada de los estados	Centralismo
Municipio libre	Municipio dependiente de instancia intermedia entre el estatal y el municipal
Separación de la marcha de la iglesia y el Estado	Coordinación Iglesias Estado
Estado laico	Estado clerical
Educación pública gratuita	Educación pública bajo cobro
Dominio de los Recursos naturales (propiedad originaria del Estado) y rectoría del mismo sobre el desarrollo	Propiedad privada irrestricta Y operación real, irrestricta e indiscriminada de los mecanismos del mercado
Protección social (salarios justos)	Flexible mercado Laboral
Derechos del hombre (garantías individuales)	Negación de los derechos humanos

Paso 1. Se forman dos equipos: Equipo A: partidarios del gobierno autoritario, dictatorial, como condición de orden y progreso; y para decisiones más eficientes.

Equipo B: Partidarios del gobierno abierto a la discusión y deliberación antes de tomar decisiones a nivel social y político.

Paso 2. Se debaten puntos específicos y la opción democracia/autoritarismo en sí misma.

Paso 3. Se emite la votación de los jueces participantes.

Actividad de aprendizaje 3.2: Antidemocracia: "Mapachismo", "Moshismo" Verborreismo y sus neutralizantes:

En esta actividad los alumnos aprenderán a reconocer los procedimientos antidemocráticos y de intimidación en los procesos electorales y en asambleas estudiantiles y de otra índole, así como los métodos para evitar sus efectos no democráticos. Se sugiere que se discutan ejemplos concretos del siguiente cuadro:

Técnica antidemocrática	*Antídoto Cívico*
Urna embarazada	Urnas transparentes
Ratón loco	Información oportuna de ubicación de casillas y cambios
Muertos que votan	Actualización del padrón y participación; ética de los funcionarios de casilla y representantes de partido
Operación Tamal	Valor del sufragio: dignidad
Operación Carrusel	Tinta indeleble
Tacos	Boletas de papel de seguridad
Propalando de rumores	Informadores éticos
Provocaciones	Cordura y valentía
Caballazos	Participación colectiva
Descalificando y vetando	Normas claras en asambleas
Rollo mareador	Solicitud de congruencia y verdad
Largas sesiones y enconadas discusiones	Debate organizado y con tiempos

Actividad de aprendizaje 3.3: Nacionalismo del Siglo XXI (Voluntad de ser demócrata mexicano).

Para esta actividad se analiza los niveles de información política de los alumnos, así como las actitudes hacia diferentes estructuras políticas e instituciones. Hay una pregunta clave que el docente pueden promover para que sea hecha internamente por los estudiantes tocante al "nacionalismo del siglo XXI", sin que implique ninguna intolerancia. Las respuestas son útiles para medir la posibilidad de una nueva identidad basada en la confianza y la actividad compartida. Se recomienda el uso de la siguiente tabla:

ACTITUD ANTE LA PREGUNTA DE CONCIENCIA DE SI . . . ¿*QUIERO SER O NO SER CIUDADANO DEMÓCRATA MEXICANO*?			
CONGRUENCIA/INCONGRUENCIA ENTRE CULTURA Y ESTRUCTURA POLITICA			
	LEALTAD	APATÍA	ALIENACIÓN
Orientación cognitiva	+	+	+
Orientación afectiva	+	0	-
Orientación evaluativa	+	0	-

Es una imagen de escala de congruencia (lealtad) hasta incongruencia (alienación), en la cual poder ubicar para calificar la cultura política de un individuo o de un grupo de una población. En la tabla anterior se observa que la congruencia es igual que lealtad, siendo positiva (+) la cognición, los afectos y evaluaciones; su voluntad: es y, sobre todo, quiere ser mexicano (es una identidad funcional). En el otro extremo está la alienación, donde tienden a ser negativo, aun siendo exacto, el conocimiento de las estructuras del sistema político, así también, los afectos y evaluaciones y opiniones tienden a ser negativos (-); su voluntad: no quiere ser mexicano. En un punto intermedio de congruencia/incongruencia está la apatía, en la cual, aún suponiendo una cognición cierta de las estructuras y procesos del sistema, hay indiferencia afectiva y evaluativa (0): no decide, como la India María, "si es de aquí o es de allá". *To be or not to be: that is the question.*

Actividad de aprendizaje 3.4: Fincando responsabilidades por el "Error de Diciembre"

Para esta actividad se recomienda organizar la discusión del grupo después del análisis crítico de los vídeos de la colección México Siglo XX de la editorial Clío, de Enrique Krauze, titulados: *Salinas, el hombre que quiso ser rey; y Zedillo, el constructor de la democracia.*

Los instructores o bien los líderes del círculo de estudio coordinarán el análisis y crítica de la distribución del Presupuesto de Egresos, 2002 anual (146, 333, 400,000.00 dólares; o bien un billón 463 mil 334 millones de pesos). El reto intelectual consiste en evaluar el desempeño gubernamental de Zedillo y Salinas exclusivamente con respecto a finanzas públicas; y reflexionar sobre el peso de la deuda del IPAB (para 2002: 45, 003, 000,000.00 pesos) en el conjunto del endeudamiento nacional e imaginar alternativas. Se recomienda utilizar el siguiente cuadro que detalla la composición de la deuda de la nación mexicana: La factura que se le pasa al mexicano al nacer es de: $ 3000 dólares.

Distribución de la deuda en pesos	
Tamaño aproximado de la deuda	*3 billones de pesos (3,000,000,000,000)*
Pidiregas* (PEMEX, CFE)	180,001,770,00
IPAB	750,000,904,000
D.F.	32,788,000,000
EXTERNA	763,087,000,000
INTERNA	763,558,000,000
PENSIONES (SÓLO UNIVERSIDADES PUBLICAS)	130,000,000,000
DERECHOS DE AGUA	78,000,000,000

* Proyectos de Infraestructura Productiva de Impacto Diferido en el Registro del Gasto Público Fuente: Universal, Sección Financiera, febrero, 20, 2002.

Nota bibliográfica

Una obra necesaria para ampliar el estudio comparativo de la política en México es el de Cornelius, Wayne, "Politics in México". En Comparative Politics Today: A World View. Eds. Gabriel A. Almond and G. Bingham Powell, Jr. 6ta ed. 1996, pp. 493-455.

Texto ya clásico para una referencia y entendimiento del sentido del cambió del sistema político es la obra de Daniel Cosío Villegas, *El sistema político mexicano*, México, Joaquín Mortiz, 1982.

Para observar un análisis político coyuntural es recomendable el artículo de Fernando Pérez Correa, "La hora de la razón".Vuelta No. 220. Marzo 1995.

Un acercamiento a la cultura política está en Romeu; Gabriel. *Medición de la cultura política cognitiva: una muestra a profesores de primaria de Cuernavaca Morelos, 1997.* Tesis de maestría, UNAM. FCPS. México, 1999.

Un esquema teórico sobre el sistema de partidos es el de Sartori, Giovanni. *Parties and Party Systems, a Framework for Analysis.* Cambridge University Press, 1976.

Capítulo 4

Cuba: Un acercamiento politológico

INTRODUCCIÓN

Un acercamiento intelectual a la realidad de un país es a las ciencias sociales y políticas lo que el asistir al anfiteatro de disección en las ciencias médicas biológicas. La praxis del acercamiento hace operar los elementos teóricos y las modalidades de acercamiento analítico concebidos por el estudiante, así como la formulación de modelos de intervención.

En un acercamiento intelectual a Cuba, una sociedad en su devenir histórico de su economía y su política, afloran las personalidades y su influencia; pero también se da respuesta a las preguntas que el mundo se ha hecho sobre el socialismo real y el comunismo ideal; así como sobre el capitalismo existente.

En este ensayo se observan historia y datos del contexto real cubano con esquemas teóricos de explicación y comprensión del proceso en la Isla tendientes a una explicación del surgimiento del castrismo y a comprender al sistema de valores en la cultura sociopolítica de la Isla. Es, por tanto, un ensayo que retoma la discusión internacional sobre Cuba y su revolución; pensamiento sobre posibles desenlaces del proceso y balance del mismo.

1. EL LUGAR Y EL LÍDER

Todos, salvo los antillanos, son de origen inmigrante en la bella isla de Cuba: africanos, europeos y asiáticos. Los antillanos—Thainos y Siboney—son una "especie en extinción". Por cuanto a los africanos, en su origen trabajadores de plantaciones, ocurrió que se propiciara su incremento numérico, unas veces por ingleses, otras por españoles traficantes de esclavos. A los asiáticos se les trajo cuando se prohibió la trata de esclavos. Se mostrará como el modo de producción azucarero determinó tanto a la composición étnica de la isla como a su configuración política.

Vientos del norte y huracanes ("huracun" es una voz Taína antillana) o ciclones del atlántico, frecuentes y estacionales, con el aire y luz peculiares, se transforma en simbólico lo geológico en la cultura cubana.

La mayor de las Antillas fue la Joya de la Corona Española. Última posesión del imperio español. Por quien España dio hasta la última gota de sangre y el último real cuando en 1868 sucedió el levantamiento de Yara; y después en 1895-98 cuando actuó José Martí reactivando la rebelión. Pero apareció, acompañando al siglo XX, el nuevo imperio. La relación de la Isla con el anglo americano y con Norteamérica, natural por proximidad y creciente por el comercio, dio un giro sorprendente cuando en 1898, los Estados Unidos, el naciente poder mundial ganó la guerra a España y por los tratados de París, hubo España de ceder el dominio de la Isla a los norteamericanos sin tomar en cuenta a las fuerzas independentistas actuantes. Cantería por ello el español: "Cuando salí de Cuba, dejé mi vida dejé mi amor"; mientras los independentistas se frustraban.

Tiempo después, otro imperio puso pie en la Isla: rusos y europeos del este entraron, desde 1962, en relación a fondo con Cuba; pero no echaron raíces biológicas ni culturales. Tras el desmantelamiento del socialismo europeo en 1989, se fueron los "bolos", como se les llamaba, sin casi dejar rastro.

Fidel Castro realiza una odisea al encabezar un levantamiento nacionalista y antiimperialista en una nación que se había ya configurado como neocolonial.

Abogado educado por jesuitas, criollo—hijo de un español "gallego" de reciente inmigración pero ya acomodado terrateniente—Fidel organiza el Movimiento 26 de Julio y el Asalto al Cuartel Moncada, en la ciudad de Santiago, al Oriente. En esa ocasión, es derrotado, encarcelado y es él mismo quien genera su defensa judicial con su célebre discurso: "La historia me absolverá". Exiliado en México, conoce al Che Guevara y junto con ochenta hombres más desembarca en 1956 en Cuba para internarse, después de sufrir cuantiosas bajas, en la Sierra Maestra, en el oriente de la Isla, e inicia la lucha guerrillera. Para 1959, el movimiento guerrillero, aliado con el campesinado, logró ya derrotar política y militarmente al régimen neocolonial (República bananera sustentada por los Estados Unidos) encabezado por el general golpista Fulgencio Batista.

Para 1962, Castro y el "Che" voltean al socialismo "científico" soviético y de Europa del Este en busca de apoyo para la ruptura de la dependencia.

La relación cubano-soviética propició el intento serio y decidido de aplicar el modelo socialista de organización económica y social en la "Perla de las Antillas". Fueron cinco grandes planes de desarrollo[34] dentro del socialismo cubano hasta que el modelo se derrumbó en Europa; pero no en Cuba.

Con la crisis del comercio que ello significó, los cubanos recurrirían al llamado "Período Especial en Tiempos de Paz": "Etapa excepcionalmente crítica del proceso revolucionario cubano, en la que confluyen las duras condiciones económicas y políticas motivadas tanto por el bloqueo económico y comercial que ejerce Estados Unidos por más de tres décadas, como por el derrumbe del socialismo en los países de Europa del Este, y por el desmembramiento de la Unión Soviética, región con la cual mantenía Cuba el 85% de su intercambio comercial.[35]"

El gobierno de Estados Unidos hubo de instrumentar desde 1962 un boicot económico a la revolución cubana: aislamiento financiero, comercial y—más doloroso—el tecnológico, provocando el desligue de la economía cubana del proceso de acumulación capitalista mundial.

Como parte de la negociación Soviética-Americana a fin del desmantelamiento de la base de misiles nucleares ya instalada en Cuba, resultó que el gobierno de Estados Unidos se comprometiera a no invadir a sus vecinos cubanos. Negociación entre imperios en la que, de nuevo, las cabezas de las fuerzas cubanas no son invitadas a la mesa de negociación, si bien consolida la estructura de poder en la Isla.

Con Fidel Castro la estructura de poder en Cuba adquiere un parecido a una corporación capitalista: la Asamblea Nacional del Poder Popular (como Asamblea General de Accionistas); el Consejo de Estado y el Consejo de Ministros (como Consejo de Administración y Direcciones de Áreas); un Órgano Ejecutivo (Gerentes de industria). Todo, salvo la Asamblea Nacional, encabezado por Fidel.

El Partido Comunista Cubano (PCC) juega un papel de guía y estratega y organizador de base en un sistema de un solo partido legal.

La sociedad civil (organizaciones, asociaciones, prensa libre, etc.) es amorfa.

Corresponde esta estructura de parecido a un corporativo capitalista de poder y decisión con la importancia del monocultivo de la caña de azúcar y su

---

[34] 1) Industrialización acelerada (1959-1962); 2) La zafra de las 10 millones de toneladas (1963-1970); 3) Sovietización de la economía (1971-1985); 4) rectificación de los errores y profundización del socialismo (1986-1990); 5) Programa especial en tiempos de paz 1991-1995); 6) Nueva Cuba.

[35] Carmen R. Alfonso Hernández. "100 preguntas y respuestas sobre Cuba" Ed. Pablo de la Torriente, 1998, p. 35

proceso industrial. El "odioso y odiado "monocultivo colonial y neocolonial del "rey azúcar" no pudo ser extirpado en 40 años de esfuerzos de cambio y por lo mejor la inteligencia socialista.

2. HECHOS CONOCIDOS DE LA REALIDAD CUBANA CONTEMPORANEA

Son pocos los hechos evidentes y por todos, o casi todos, conocidos, a diferencia del gran número de ecos dudosos y controvertidos sobre Cuba actual.

Viven y se reproducen en la isla más de once millones de personas. Es incierto el número de exiliados y de "cubanos de corazón" nacidos en La Florida. Aumenta la población a una velocidad decreciente—1.7% anual—y se perfila un envejecimiento poblacional con esperanza promedio de vida alta de 75 años para las mujeres, y de 72 años para los hombres.

Es poco consistente el dato oficial sobre composición étnica. La cifra ofrecida de 66% blancos, 33% negros, mestizos y mulatos y 1% restante de asiáticos de origen chino[36] se contradice con otra fuente (como la página Web *cubaliberal.org*) que calcula a la inversa 66% de negros, mulatos y mestizos y 33% de blancos; por último, también se contrapuntea con la percepción de los viajeros de un mayor mestizaje y población negra de origen africano. Históricamente, la poderosa raza negra, como hecho evidente, se reproduce biológicamente en incremento espectacular en un lapso relativamente corto de tres siglos, así también sus mestizajes; lo mismo que en dos naciones caribeñas, Jamaica y Haití, donde los descendientes de los seres humanos esclavizados para los trabajos de las plantaciones del "rey azúcar" son ahora los dominantes y expansivos genéticamente hablando en lo demográfico.

Menos aún se escribe y habla sobre las relaciones interraciales dentro de la isla de Cuba. La raza blanca es de origen gallego, sevillano, catalán etc. Los blancos están en proceso de mestizaje, nada comparable con el proceso de mestizaje mexicano, pero también en marcha.

La distribución de población se concentra en la Habana, con 2 millones de personas. Y el resto se distribuye armónicamente a lo largo y entre las 14 provincias administrativas en que esta dividida la Isla.

Sin embargo, nada comparable en armonía es la distribución de cultivos: ya se dijo, la caña de azúcar "sigue siendo el rey". Monocultivo, monoexportación, no superado debido a causas y/ o razones poco claras desde

---

[36]   Carmen R. Alfonso Hernández. "100 preguntas y respuestas sobre Cuba" Ed. Pablo de la Torriente, 1998.

fuera, salvo de ser el principal generador de un flujo de dólares hacia Cuba desde el comercio mundial, por ser el principal producto de exportación: y así se cierra el círculo.

Adicionalmente el turismo, el níquel y la biotecnología son pilares de la economía cubana después de que *"los bolos"* (Rusos, checos, polacos, etc. que vivieron en Cuba) se fueron y con ellos los subsidios y ventajas comerciales. ¡Extraño y benévolo imperialismo el soviético que ayudaba a los países pobres y no los sojuzgaba y explotaba!

No existe la propiedad privada de los medios de producción. De no haber habido revolución en 1959-62, los consorcios norteamericanos estarían en posesión de la producción azucarera, y no sería el Estado cubano el dueño. Es centralmente planificada la distribución de los bienes de consumo y de producción. Un manejo no centralizado sería lo ineficiente, si se tratan de una economía en esencia mono productora y mono exportadora. Entonces, los mecanismos distribuidores del mercado no existen y por tanto no se forman clases de seres humanos diferenciados por sus formas y volúmenes de consumo; pero sí clases de seres humanos diferentes por sus posiciones dentro de la estructura de funciones del corporativo azucarero y del turismo, níquel y biotecnología, quienes, con algo de maña—durante algún tiempo—para hacerse de bienes fuera de los causes legales, y ahora por el acceso a los dólares, van formando clases sociales que, comparado con las diferencias sociales en el resto de los países latinoamericanos, son negligibles.

3. ESTRUCTURA POLITICA CUBANA

Si el mercado como mecanismo de integración y de dominación no opera, entonces los controles políticos serán más fuertes, necesarios y visibles. Así ocurrió en la Rusia estalinista, así se repite en el socialismo cubano.

Por esta razón la Constitución cubana de 1976 (diseño institucional creado por el partido único, el comunista cubano) establece los siguientes órganos de gobierno y proceso de toma de decisiones: la división funcional de poderes tiene una Asamblea Nacional—llamada del Poder Popular—al nivel más alto. En los niveles provinciales y local se integran también asambleas. Desde 1992 se elige representantes a la Asamblea Nacional—diputados—por voto directo y secreto. Antes de 1992 que se creó la nueva Ley Electoral, los diputados eran elegidos por voto indirecto: los cubanos votaban por sus representantes locales, estos por los representantes a delegados provinciales y en el mismo tenor, los provinciales votaban por los representantes a la Asamblea Nacional. Esta Asamblea tiene facultades legislativas y de reformar o crear constituciones, además de nombrar a los 21 miembros del Consejo de Estado.

El presidente del Consejo de Estado es Jefe de Estado y a la vez Jefe de Gobierno (en España, están los cargos separados, el rey es el Jefe de Estado y el presidente español en turno es el Jefe de Gobierno). Es facultad del Presidente del Consejo de Estado—en deliberación con los demás miembros del Consejo—nombrar a los miembros del Consejo de Ministros, y a todos los demás ministros y directores de los órganos económicos y políticos del Estado. También de nombrar a todos los altos funcionarios y administradores. Existe el cargo de Vicepresidente primero y de otros cuatro vicepresidentes sectoriales. El Consejo de Ministros es presidido, por el Presidente del Consejo de Estado, ahora en su función de Jefe de Gobierno; se integra un Comité Ejecutivo de Ministros compuesto por miembros del Consejo de Ministros. El Comité Ejecutivo es el poder ejecutivo real, también presidido, ya se puede uno imaginar, por el Jefe de Gobierno, que en los últimos tiempos ha sido . . . adivinó usted, Fidel.

La distribución espacial—territorial—del poder es centralizada, toda vez que los oficiales administrativos de las provincias y de los municipios son nombrados desde el centro, La Habana, y en cascada se van nombrando los funcionarios menores; en el mismo modo las remociones se deciden desde arriba.

Igualmente importante el poder judicial. A los Magistrados del más alto nivel los nombra el Consejo de Estado, y para los niveles provinciales los jueces y funcionarios se nombran por instancias centrales.

Hasta este punto el parecido con la estructura de poder de las corporaciones y organizaciones orientadas al lucro del mundo capitalista es notable, sólo que la acción del Partido Comunista Cubano genera diferencias importantes entre el sistema cubano y los corporativos capitalistas.

El sistema electoral y de partidos legaliza la existencia de un solo partido, el Comunista, con la justificación de que ello garantiza la unidad de la nación, el socialismo y la independencia. La experiencia histórica de la guerra con España por la independencia, el resultado final de la República Semicolonial y el hostigamiento de la Casa Blanca conducen en lo ideológico a justificar la exclusión del pluripartidismo (considerado como un circo de gastos inútiles con un trasfondo individualista); junto con la desintegración del socialismo de las naciones de Europa del este, a juicio de los teóricos del Partido Comunista Cubano, por efecto directo del pluripartidismo.

En otras palabras, Cuba, a través de su sistema electoral y de partidos lanza al mundo occidental la afirmación que su arreglo es más democrático al permitir que los ciudadanos, al nivel local y por medio de las organizaciones de masas, nombren a sus representantes a las asambleas provinciales y Nacional, por tanto no sean nombrados por las cúpulas de los partidos; y que de la Asamblea Nacional se elija (no por voto directo de los ciudadanos) al Jefe de Estado y de Gobierno. Se afirma por todo ello que el sistema cubano es más democrático que el modelo del pluripartidismo, donde la función de articulación e integración de intereses la realizan varios partidos con culturas políticas diferentes. Además, las campañas políticas personales no son legales en Cuba: sólo la foto y la biografía del propuesto delegado colocadas en lugares públicos.

Adicionalmente, las organización de masas cubanas están integradas al Partido Comunista: Federación de Estudiantes Universitarios(FEU), Comités de Defensa de la Revolución (CDDR), Federación de Mujeres Cubanas (FMC), Asociación Nacional de Agricultores Pequeños (ANAP), Federación de Estudiantes de Enseñanza Media (FEEM) y la Central de Trabajadores de Cuba (CTC).

Sin embargo la sociedad civil cubana no corporativizada, plural, comienza a cuajar y a organizarse en relaciones de varios tipos con el exterior.

Como resultado las elecciones en Cuba, al lograr que participen más del 90% de los electores, tienen un aspecto plebiscitario implicando dar el sí continuar con el oficialismo, los hermanos Castro como presidente y vicepresidente, la conducción económica y política existente.

Nuevamente el símil con las corporaciones es enorme: hágase un "plebiscito" a sus empleados y trabajadores y sus familias y jubilados y el resultado será similar: cómo en Cuba, los inconformes se van sencillamente, o son neutralizados e inmovilizados.

Otro factor son las Fuerzas Armadas, integradas bajo el mando del Vicepresidente y ministro de las Fuerzas Armada—Raúl Castro—. Su función es decisiva junto con el Ministro del Interior, "brazos armados de la revolución", pero no se percibe ni intuye en las Fuerzas Armadas inclinación a ejercer una represión masiva sobre la población, si existiese una rebelión masiva y organizada.

4. SISTEMA DE VALORES Y APRECIATIVO CUBANO

Acerca del sistema de valores de la sociedad y política cubanas acontecen fenómenos extraordinarios. Una combinación de vida cuartelaria y de monjes con voto de pobreza en una sociedad que realiza los ideales de la evangelización. Sociedad evangélica, ha dicho Ernesto Cardenal[37], sociedad que desprecia el bienestar material.

En un principio del proceso de transformación socialista el sentir del gobierno y la sociedad coincidió con el sentir de los soviéticos: había que impedir el desarrollo del afán de comprar, de tener más que el vecino; evitar

---

[37]   En entrevista para Proceso, año 1995, febrero, p.45.

la basura publicitaria—ni un solo anuncio: felicidad era poder oír la radio y la TV sin que nadie le grite a uno que compre, beba, fume—que el pueblo no se angustie por falta de chucherías y cosas inútiles, junto al desprecio a la cultura del empaque. Debido a las transformaciones de fondo, poco a poco el dinero fue perdiendo su condición de máximo valor y cediendo el paso a valores de orden espiritual e ideológico: la patria, la soberanía Latinoamericana unida, la dignidad, honor militar y virtudes espartanas.

Es a la vez la utopía de Tomas Moro y la Sociedad Evangélica de los Franciscanos, Dominicos y Agustinos quienes primero llegaron a América.

Sin embargo, también están los beneficios sociales materiales proveídos por el Estado socialista: educación gratuita hasta nivel universitario y de postgrado; asistencia médica garantizada; sistema de jubilaciones estupendo; amparo a los más vulnerables: no hay niños y ancianos vendedores de chicles o boleros, ni mendigos desamparados.

Cierto que hay en Cuba después de haber luchado contra ello, una nueva camada de "*jineteras*" (damas que negocian la compañía sexual con turistas), maceteros, "bisneros" y otras actividades orientadas a obtener la nada espiritual divisa verde, pero esta prostitución jinetera es más alegre y libre que la sórdida esclavitud y mecanización amafiada de las "sexo servidoras" de, por ejemplo, México.

El valor supremo de la sociedad y gobierno cubano es la Soberanía de la Patria. Esto se explica por la experiencia traumática de la guerra tardía por su independencia (Cuba se independiza de España en el ocaso del siglo XIX, los demás países Latinoamericanos lo hicieron durante el primer cuarto del mismo siglo) y por el desenlace neocolonial, si bien república autónoma entre 1902 y 1959. A los generales independentistas y "Mambíes" cubanos[38] no se les dio papel como actores en los tratados de París entre España y los Estados Unidos, pese a su ardua lucha. Parte de tal experiencia traumática fue la amenaza de dos fuerzas políticas internas: Anexionistas a los Estados Unidos y Autonomistas pero dependientes de España, siempre presentes en el siglo XIX y ¡en el XX también¡ Por ello el valor supremo de los Independentistas actualmente en el poder, quienes encontraron su genio e ideología en el castrismo, es la Soberanía Nacional sacrificando con gusto al bienestar material que hubiera resultado de conceder y haber permitido entre 1902 a 1962[39]—antes de las expropiaciones—la penetración de las fuerzas del capitalismo, norteamericano principalmente.

---

[38] Se llama *mambí*es al guerrero o guerrillero independentista, mulato o negro, de la guerra con España.

[39] Además la distribución de la riqueza en los 50tas, antes de la revolución, era pésima.

Se permitió la llegada de otro imperio, el soviético, pero al parecer calculando que no pondría en riesgo al valor supremo sino al contrario.

Los medios masivos de comunicación, radio, TV. prensa revistas, están al "servicio de la revolución" en consecuencia, la censura es fuerte y están cerrados a las fuerzas disidentes.

Por otra parte, el desarrollo tecnológico y mejoras productivas no son evidentes.

5. COSTOS Y BENEFICIOS DEL PROCESO CUBANO

Esta revolución y su historia deben dar aprendizajes para los pueblos latinos de América y también aprendizajes y errores a evitar de manera universal. Qué se aprende de esa experiencia revolucionaria que tuviera como principios la praxis de la economía planificada y el partido único que elabora programas; la negación del consumismo y el propósito de crear al "hombre nuevo"; experiencia que implicó la disciplina, el ascetismo, sacrificio y esfuerzo de dignidad antiimperialista y nacionalista y que montó un Estado de bienestar: salud, educación, jubilación, amparo, deporte y entretenimiento para toda la población.

Es posible imaginar, con el conocimiento, qué es lo que va a suceder en Cuba, e imaginar el escenario de una transición democrática y al capitalismo, o su contraria, el inmovilismo actual y una eventual evolución socialista. Héctor Aguilar Camín ha dicho que la necesidad de una transición está muy clara, salvo para los funcionarios cubanos, y que es algo que atañe a México, a su vida pública, y que es posible que no se haga en paz, por lo cual evitar incentivar el odio; y si es posible un cambio como el requerido, una transición, con Fidel vivo o recién fallecido.

Las fuerzas sociales y políticas de lo que está pasando en Cuba son en lo civil una oposición de nuevos actores y generaciones con dilemas de valores reales entre el bienestar y la tecnología moderna o el ascetismo socialista e ideológico de poner a la patria primero. Se observa cierta actividad civil ligada al Internet. En lo político están tres fuerzas: 1) El Exilio en Miami; 2) los Oficialistas, herederos del poder y los medios de producción a la muerte o retiro de Fidel; y 3) la Oposición Democrática dentro de la Isla, con su casi nula prensa y medios de comunicación.

La interpretación en circulación es de las dos cubas: una en su inicio de la revolución libertaria, joven, gloriosa en su lucha, transformadora; otra después de la "sovietización" envejecida, autoritaria y luego totalitaria, de privación y opresión, de mecanismos de control meticuloso: la primera un sueño; la segunda una pesadilla.

La respuesta del régimen cubano a las críticas, sobre todo si vienen de gente identificada con el centro o izquierda mundiales, es histérica, una y otra vez.

La amenaza de que lleguen de Miami a quitarles todo a los cubanos los une, sin embargo, la emigración cubana de hecho se está quedando con el sur de Florida. Pareciera que, ante los fracasos en la historia del siglo XIX de crear orden y vencer a la subversión, y ante el ridículo simbólico de crear una república tras la desocupación militar de Estados Unidos en 1902, para en 1906 pedir, por parte del régimen en el poder entonces[40], nuevamente la intervención americana, los oficialistas se empeñan en el valor de su maquinaria estatal de control ahora si eficiente por sí mismo, y un poder absolutamente vertical sin disputa.

El futuro es, probablemente, una repetición del funeral de José Stalin, ahora con Fidel Castro; honras a las que seguirá un proceso en el que las fuerzas armadas serán el actor central, intentos de fuera y dentro por realizar cambios a la ley electoral e instaurar el pluripartidismo, procesos (semiplebiscitarios) por renovar la dirigencia, cuestionamientos del modelo de propiedad estatal y respuestas histéricas. Al final serán los valores de las nuevas generaciones quienes se inclinen en una u otra dirección, y es posible que sea hacia una "Perstrioka y Glasnot tropical". Aparecerá el Gorbachob isleño y Fidel será reconocido como el constructor del Estado cubano independiente, si bien el corporativo cañero se fragmentará y el control central de la economía dará paso gradual al mercado y diversificación de la producción, conservando el sentido de la justicia distributiva. Junto con México y Centro América se unirá con Estados Unidos en el marco de la autonomía política y el nacionalismo no beligerante de las naciones sureñas y del caribe.

Pero la historia podría estar fraguando desenlaces del castrismo en el primer tercio del siglo XXI inimaginables por ahora. En el mediano plazo el futuro es promisorio para los cubanos. Los mexicanos y centroamericanos están en ese plazo más amenazados por exclusionismos más graves de los Estados Unidos, dado su número, y en posible incremento de las tensiones por el factor étnico, racial y cultural.

Pero Cuba podría pasar por un trago amargo de no concertarse la "Perestroica y Glasnot Caribeña", o de no idearse y materializarse un desarrollo real e independiente del socialismo, que demostrara que no es

---

[40] Fue durante los gobiernos de Gerardo Machado y de Carlos Manuel Céspedes, en los años veintes y treintas del siglo pasado, curiosamente durante la República Neocolonial, cuando todos los intelectuales y artistas volteaban hacia Europa, y la política era una alienación, se dio el más sorprendente florecimiento artístico y cultural.: Guillén, Carpentier, Música, etc.

inexorable la división internacional del trabajo y las fuerzas del mercado mundial que hicieron de Cuba desde el siglo XVIII monoproductora de manera irreversible. Cambiar la realidad cubana es cambiar el monocultivo. Ya Marx, en lo teórico lo afirmó: la estructura económica determina en última instancia a la superestructura jurídica, política e ideológica.

Son pensables aspectos o dimensiones tanto positivas como negativas de la experiencia cubana en la historia. Lo positivo: orgullo y dignidad latinoamericana; soberanía recobrada; estado de bienestar y asistencia sin paralelo en el mundo atrasado y que probablemente genere paz social y no delincuencia; protección psicológica ante el consumismo y protección del medio ambiente y casi nulo consumo de drogas, poco racismo y delitos de cuello blanco (salvo los desvíos y corrupción durante la "sovietización de la economía" en los años setentas).

Lo negativo: retraso de la división del trabajo y de la complejización técnica y socioeconómica; intolerancia que afectó a la cultura y a los diferentes (homosexuales, materialistas etc.); retraso en la ciencia social y las humanidades; hábitos de súbditos apolítico no democráticos (aún cuando afirman que es la mejor democracia), freno al desarrollo comercial regional, que incumbe a México, Centro América y el Caribe; accidentes y ahogados al escapar ilegalmente de su país; cultura de la hipocresía y la mentira en lo relativo a la relación con la Unión Soviética; intervención, dudosamente ética, en otras naciones y factor de un peligro de haber desencadenado un holocausto nuclear cuando la Crisis de los Misiles Soviéticos, en octubre de 1962.

En contraste con México donde el monopartidismo (con comparsas) de raíces corporativas va cediendo su lugar a un sistema de partidos acorde con la compleja y multipolar realidad socioeconómica de polos de poder y dinero, en Cuba el monopartido subsiste al lado del monocultivo-monoexportación absoluta.

Contrasta con Chile, quien revirtió una tendencia de capitalismo de Estado (cobre agroindustria de exportación, hierro) hacia un modelo basado en la acumulación privada de capital y apertura a las fuerzas de los mercados mundiales, si bien fue por la violencia de las fuerzas de derecha en un contexto ideológico de cambio revolucionario ya hacia el socialismo, (la vía pacífica chilena hacia el socialismo), o hacia el capitalismo: donde la sociedad se planteó la revolución en sí como necesidad.

Es posible, además, pensar en los costos y beneficios, para los cubanos en general, de la revolución cubana. Acaso hubiera sido mejor el desarrollo con la república neocolonial de 1940 como superestructura política. De no haber ocurrido el bloqueo y boicot económico también hubiese sido mejor la evolución. Sabemos por China que es posible un socialismo en medio de "un mar de capitalismo" e intercambiando con éste, por lo tanto el boicot no es consustancial a un fenómeno así, socialista.

De hecho sin la revolución castrista la expansión social y económica cubana a la Florida nunca hubiera ocurrido. Tampoco hubieran progresado los mecanismos estatales de control (que tanto se anhelaron en el siglo XIX), ni se hubiese desarrollado la fortaleza de espíritu cubano en la austeridad.

Las consecuencias no intencionales de la acción castrista son varias: la dinámica de la "seguridad nacional norteamericana" en el hemisferio occidental durante el siglo XX y la reacción en cadena de las oligarquías latinoamericanas; la toma de conciencia rusa y de Europa del Este de la inflexibilidad y problemas para el desarrollo tecnológico y el crecimiento económico y social del sistema económico-político estalinista; el movimiento de jóvenes de alcance mundial inspirado en parte en la imagen libertaria de la Revolución Cubana y la leyenda del "Che".

Sin embargo, la demanda norteamericana es en el sentido de que se violó con la revolución y en especial con las expropiaciones de 1962 el derecho de propiedad privada de los inversionistas americanos en Cuba; pero los cubanos independentistas afirman que primero el gobierno de Estados Unidos violó el derecho internacional a raíz de una guerra injusta contra España[41], con el pretexto del hundimiento del acorazado "Maine" en la Bahía de La Habana, en 1898, que devino en la ocupación militar y la dominación económica de la Isla: ¿quién usó primero de la fuerza y violó el derecho y la razón?

6. QUÉ DIRÍAN BOLÍVAR Y MARX DEL PROCESO CUBANO

Si Carlos Marx conociera el proceso de la revolución comunista cubana diría, probablemente, que fracasaría, pues no había las condiciones de organización de los trabajadores industriales—ni de los capitalistas mismos—salvo las centrales azucareras, antes llamadas "ingenios". Marx notaría como la producción azucarera determina la organización social y política.

Si Simón Bolívar viese a Cuba de Castro, alentaría la esperanza de una unión de los latinoamericanos, ahora facilitada por las comunicaciones y los transportes, porque aunque Cuba se alió a los soviéticos y europeos del Este su sueño e intención fue latinoamericanista, de romper con el capitalismo y enfrentar en bloque a los Estados Unidos. Aún ahora Cuba de Castro y otras fuerzas políticas en sur América rechazan el Tratado de Libre Comercio de

---

[41] No ha sido aclarado suficientemente qué fuerza perpetró el hundimiento del "Maine por una carga de dinamita en la que murieron 289 marinos americanos, que fue el pretexto o causa de la declaración de guerra de Estados Unidos a España: independentistas, anexionistas, autonomistas o españoles.

Norteamérica (TLC), o NAFATA (North América Free Trade Agreement), por considerar una traición a los latinos por parte de México. Así mismo, se rechaza la idea del libre comercio o integración comercial en bloque de los latinoamericanos con norte América, por razones culturales—rompe el sueño bolivariano de una "nación de naciones"-, y por la hegemonía económica y política que conlleva.

Que Cuba recobre soberanía es para España, si la "generación del 98 reviviera para verlo" un motivo de alegría y una suerte de revancha, toda vez que la pérdida de la última de sus colonias en manos del naciente imperio anglosajón en América, fue motivo de profunda depresión nacional, cuestionamiento y por supuesto, crisis de identidad española, lo cual creó el germen que condujo a la atroz guerra civil en los años treintas del siglo XX y al horror de la dictadura franquista. Justo al comenzar el siglo XX en que los norteamericanos izan en la Habana su bandera de las barras y las estrellas, llega a Cuba el padre de Fidel Castro a radicar y convertirse en próspero terrateniente, cuyos hijos—Fidel y Raúl—estudiarían con jesuitas y madurarían durante los brillantes años, culturalmente hablando, pero políticamente alienantes de la república neocolonial cubana 1902-1959[42].

La transición que emprenderán las nuevas generaciones durante las primeras décadas del siglo XXI podrá ser o gradual o colapsiva. En cualquier caso el comportamiento de los altos mandos de las Fuerzas Armadas cubanas—ahora metidos de "empresarios" según algunos observadores[43], será la variable decisiva de si hay o no guerra civil y/o regional. La sociedad civil y su cultura política es otro factor: universidades, asociaciones profesionales y religiosas, organizaciones comunales y laborales, y publicaciones culturales y académicas. En esta acción civil la memoria histórica de la cultura política obstaculizará lo que pudiera ser como en Checoslovaquia fue una transformación "aterciopelada" o peor aún, crispará el proceso, pero no ayuda en ningún caso.

No son las "dos cubas" una rebelde y libertaria y luminosa, otra conservadora, sujetadora, histérica y verborréica lo que está en el horizonte; ni tampoco el eterno mito y leyenda de Fidel y el Che y su epopeya, tampoco el reclamo por haber cedido Guantánamo a la generación de José Martí, o

---

[42] Dentro de este periodo general se distinguen analíticamente los siguientes episodios en términos constitucionales: 1902-1939 y 1940-1976 (republicanas); 1976: socilista.

[43] Ver *El ejército a la espera*, escrito por Joseph M. Colomer. Revista Nexos, no. 292. Abril 2002.

por permitir bases soviéticas, como la de "Lourdes"[44] a la generación de los hermanos Castro. Cuba posee, como Jerusalén, una energía positiva muy particular. Si una mejor y más justa forma de producir habrá de surgir allí, a pesar de los pesares, la generación actual lo evaluará y decidirá si transita a la propiedad privada, el mercado y la democracia pluripartidista, o si de súbito un fenómeno singular de desarrollo y la evolución ocurre dentro del modelo socialista, y entonces opten por la continuidad. Parece que también los estadounidenses más lúcidos ven en el proceso cubano un significado y mensaje trascendente ante el cual deben prudencia y respeto.

CONCLUSION

Pase lo que pase con la Revolución Cubana, se involucrará a México, severamente, de manera rotunda, en el desenlace y cambio futuro, dado el espectro ideológico pragmático mexicano de derechas, centros e izquierdas, en el cual la realidad cubana es elemento teórico perceptual, realidad del contexto histórico y regional, en el cual pesa la potencia norteamericana.

Es inseparable el aspecto teórico del materialismo histórico, marxismo-leninismo y proceso real cubano: la izquierda latinoamericana (los partidarios de las causas populares, de la igualdad y libertad), interpretaron el proceso cubano en clave marxista leninista, desconociendo casi por todos, el contexto histórico del proceso de independencia cubano que lleva dos factores: 1. Las relaciones con España; y 2. Las relaciones con Estados Unidos. En un intento por definir un balance de lo "bueno y lo malo" de la Revolución Cubana se plantea un dilema y desafío para vecinos: hacer mucho con muy pocos recursos en el campo de lo social: educación, salud, deporte, arte, y pensiones. Con respecto al uso del poder la discusión continua. La estructura política cubana conduce a tomar una resolución de la actitud ante la Cuba castrista: si se acepta y el poder cubano declara que la nación cubana vive aún un estado de excepción, de guerra, prolongado desde el 1898, cuando Estados Unidos intervino, entonces se explica y hasta se justifica la violencia estatal represiva y la configuración de las instituciones jurídico políticas; pero si se declara y pretende que Cuba vive en paz y en la normalidad, entonces se deben abrir al instante las cárceles para que tengan libertad los presos políticos y de conciencia, que difieren de la mentalidad generalizada por el régimen castrista.

---

[44] Ver el artículo en Nexos no.292, ya citado, el artículo *De imperios y colonias*, escrito por Jesús Díaz.

El sistema apreciativo en la cultura cubana expresa la puesta en práctica de una ética comunitaria, no individualista y del principio de redistribución antes que el de favorecer a los mejor dotados. Esto es un hecho conocido que va más allá del estereotipo de la mítica vida en el socialismo: carros de los cincuentas, el malecón, edificios viejos. Pero en realidad se desconoce el experimento socialista y sus éxitos y fracasos: no comparten los intelectuales cubanos la experiencia del grandioso esfuerzo por implantar el socialismo desde un punto de vista científico, racional, desde cualquier paradigma, y las razones del fracaso del proyecto, desde el punto de vista teórico.

Sin duda se produjo en el siglo XX cubano a personajes de talla mundial histórica, como Castro, quien efectivamente como él lo expresara si bien esperando un juicio para sí favorable: "la historia lo juzgará".

Actividad de aprendizaje 4.1 Critica al texto: "Cuba: un acercamiento politológico".

Sesión de planteamiento de dudas, objeciones o suspensión de juicios.

Propósito: despejar los puntos que se hayan pasado sin comprender o no quedaron claros durante la lectura; en segundo lugar, formular objeciones antes de pensar igual que el autor o bien decidir suspender el juicio antes de acordar puntos particulares, para finalizar preguntando sobre el contenido a fin de evaluar la comprensión.

Pasos:

1. Primero, despejar los puntos que se hayan pasado sin comprender o no quedaron claros durante la lectura.
2. Segundo, formular objeciones antes de aceptar pensar igual que el autor del ensayo, o bien decidir suspender el juicio antes de acordar puntos particulares.
3. Si no hay objeciones previas, o se han agotado ya las expresadas, se procede a responder las siguientes preguntas que permiten evaluar la comprensión del ensayo

¿En el largo plazo, el pueblo cubano gozará de mayor respeto, presencia y acaso desarrollo económico y social, debido a su heroico enfrentamiento a EU?

¿El resultado final es una pérdida de oportunidades y retraso económico y tecnológico y padeciendo una cultura política tipo "soldado"?

Nota bibliográfica

Campa, Homero y Pérez Orlando. *Cuba: los años duros*. México, Ed Plaza & Janés, 1998 Valioso documento elaborado por observadores profesionales que permiten una comprensión profunda de la realidad cubana; en particular las repercusiones del cambio producido por el fin de la ayuda soviética en 1991.

Alfonso Hernández, Carmen R. *100 preguntas y respuestas sobre Cuba*. La Habana, Ed. Pablo de la Torriente, 1996. Las respuestas desde la óptica oficial cubana, por tanto con toda la información necesaria, permite explicar las estructuras económicas y políticas.

Capítulo 5

Chile: otro acercamiento politológico

INTRODUCCIÓN

El acercamiento intelectual a Chile permite una discusión sobre neoliberalismo y su modelo y sus consecuencias basadas con observaciones de la realidad en un caso latinoamericano y pionero a nivel mundial. Chile llama la atención e interés de los jóvenes por la mítica del éxito en el crecimiento económico; pero también por la traumática experiencia de los muertos y desaparecidos en los años setentas del siglo veinte. Para las personas de generaciones anteriores, Chile también interesa, porque se recordará, la caída del Gobierno de Allende ensombreció toda una época y se requiere comprender lo que pasó. En este ensayo nos acercamos a la realidad chilena, su constitución real, historia económica y política, como también al proceso que conformó, y aún lo hace, una revolución de tipo capitalista en el contexto latinoamericano; haciendo hincapié en los fenómenos socio culturales del capitalismo chileno actual.

1. COMO VA CHILE VA EL MUNDO

El espacio territorial chileno es alargado como ningún otro país del mundo. Su orografía crea regiones y valles naturales. Chile está aislado entre el fuego del desierto de Atacama al norte y el hielo del estrecho de Magallanes, al sur obviamente. Al centro la urbe metropolitana, la capital Santiago y el Puerto de Valparaíso con su anexo Villa del Mar. En dirección sur de Santiago está la Araucanía (región Araucana[45]) y la fría y lluviosa región de Los Lagos. Al oeste las negras y heladas aguas del Océano pacífico, y al este Chile colinda con Argentina, sólo que media la cordillera de los Andes y sus grandes alturas de más de seis mil metros.

La población chilena tiene una composición étnica de origen europeo muy importante numéricamente[46] quienes conviven con el pueblo indígena mapuche y con europeos de reciente emigración, alemanes en su mayor proporción, que han llegado en el último siglo del sur hacia el norte, invitados por el gobierno nacional. La población indígena es una proporción importante en la región Araucana, donde tan solo allí habitan 300 mil mapuches del millón que se registró en el último censo.

El norte desértico fue explorado por los cateadores de metales chilenos, durante el siglo XIX hasta fundar Antofagasta sobre un mar de salitre y nitrato, materias primas por entonces esenciales. Este desierto fue, en el papel, soberanía de Bolivia y en parte de Perú; pero la instigación de algunas compañías inglesas sobre Chile para que definiera la jurisdicción motivó la guerra en 1879, que llevó al ejército chileno, de tres empujones, hasta Lima y como resultado a expandirse hacia el norte a expensas de sus vecinos. Chile fue expansionista a su manera, en particular sobre la frontera Mapuche durante todo el siglo XIX, despojándoles de sus tierras a los Mapuches.

Esta evidente voluntad de dominio dio un sello al carácter e identidad chilenos. De igual forma, poco falto para que comenzara una guerra en 1978 con Argentina con motivo de fijar por donde salía el canal de Beagle en Tierra del Fuego a fin de establecer límites. Chile se salió con la suya otra vez.

Chile es el único país andino que no participa del Amazonas. Este rasgo más su aislamiento entre el fuego del desierto y el hielo del sur, así como el origen de muchos de sus pobladores en expediciones marítimas y de náufragos quedados a residir, hace que los chilenos se sientan distintos de sus vecinos y de todos los latinoamericanos.

En Chile los mestizos están relegados. Sólo en la Araucanía se recuerda la composición de México. *La Araucana* es el poema épico escrito por Alonso de Ercilla, soldado y poeta español que relató la lucha de los indios Mapuches en defensa de su tierra cuando los primeros encontronazos en el siglo XVI. Esta guerra se prolongaría hasta comenzando el siglo XX dando una fisonomía evidente de "país de frontera". La resistencia Mapuche se tornó al final del día en abatimiento; pero el resultado conjunto para unos y otros fue un carácter nacional "peleonero" y a la vez amable y hospitalario.

---

[45]

[46] La Enciclopedia latinoamericana de la Universidad de Cambridge estima que el 30% de los chilenos son de origen europeo, 10% indígenas y 60% mestizos.

En el origen de Chile se recuerda la expedición de Pedro de Valdivia, quien por cierto murió en combate con Mapuches araucanos en Tucpel; Valdivia funda Santiago en 1541. Tiempo después, el Ejército de los Andes, comandado por San Martí y Bernardo Ohiggin´s derrota a los ejércitos realistas en la batalla de Maipú en 1821. Para 1833 se establece la primera constitución política chilena, la cual duraría casi un siglo. Marca el carácter de vanguardia de los chilenos, que entonces eran un millón de personas, toda vez que establece la separación de iglesia y Estado y derechos sociales y un sistema representativo. En 1925 contando ya con cuatro millones de habitantes, una segunda constitución fue elaborada, pionera en establecer los derechos de los trabajadores, la cual durará hasta el pronunciamiento militar en 1973. En 1980 se promulga y plebiscita una tercera constitución política chilena, reformándose en 1989. El balance: transparencia y estabilidad normativa como patrimonio histórico de la política chilena a través de los siglos, con una tendencia clara a la renovación de tiempo en tiempo para mantenerse a la cabeza de los cambios librecambistas, primero; de de filosofía política y de Estado de Bienestar, después. Con todo, no es distinto el tipo de Estado chileno del resto de Latino América: Estado capitalista dependiente. Tampoco el modelo de crecimiento económico chileno en el arranque de su vida independiente fue distinto: importación-exportación de materias primas para el mercado mundial; modelo que en los años treinta del siglo veinte será transformado en el modelo de substitución de importaciones en todo el mundo latinoamericano. Los productos chilenos de enlace al mercado mundial en estos períodos fueron el salitre, el nitrato y luego el hierro pero sobre todo el cobre, que lo convertirían en una economía minera extractiva de exportación.

Desde luego que hay diferencias desde el punto de vista de los regímenes jurídicos subyacentes en cada Estado-nación latinoamericano. Chile tuvo, hasta el golpe miliar en 1973, un juego de alianzas del Estado con los trabajadores agrícolas y los pocos trabajadores fabriles—además de los mineros del cobre y del salitre—y con los sectores medios; por otra parte, en el medio rural se integraban de maneras premodernas los actores socioeconómicos: en la cima de la jerarquía los latifundistas, seguidos por las clases medias rurales y los trabajadores del campo.

En los sesentas del siglo veinte, el modelo de crecimiento económico con base en la substitución de las importaciones con mantenimiento de las exportaciones tradicionales se agotó—baja tasa de ganancia minera; nueva dependencia tecnológica; estrechez del mercado interno e inflación—suceso que vivieron todas las economías latinoamericanas. El déficit fiscal y la deuda externa auguraban la ruina de las finanzas públicas. La carga de las pensiones y gratuidades del Estado chileno, el más avanzado en seguridad social del área, se veía insostenible. Sin embargo, lo doloroso era el letargo agroindustrial chileno pues provocó déficit alimentario: las formas y relaciones precapitalistas de producción de modo ostensible frenaban el desarrollo de las fuerzas productivas de las regiones agrícolas centrales: vinos y cítricos; las del sur: maderas y pesqueras a lo largo del extenso litoral del país. El conjunto social perdía impulso y la frustración de la clase media en particular, tanto urbana como rural, era palpable; deseo de cambio al tiempo que necesidad de conservar su estatus de trabajadores intelectuales, se expresó de mil formas políticamente en el sistema de partidos.

El sistema de pensiones chileno se acercaba como ninguno en el área latinoamericana a un Estado de Bienestar desarrollado. El modelo, conocido como Bismarkyano por su creador alemán—el Canciller de Hierro—o también conocido como el sistema P-A-Y-G (pay-as-you-go) implicaba un pacto generacional tal que los jóvenes y sanos subsidiaban a los viejos y enfermos. Además supone que las mujeres están en el hogar de tiempo completo y una esperanza de vida tal que los viejos no abundan. Los fondos eran administrados por el Estado. Tal modelo cambió, después de la constitución de 1980 de Pinochet, por un esquema de seguridad social que rompe el esquema de financiamiento a los viejos trabajadores por los jóvenes—generaciones—por mediación de la gigante burocracia estatal, eliminación del impuesto patronal y de la administración pública de los fondos; cambió por el ahorro individual y administradoras privadas de fondos.

En el ámbito de la política, el sistema de partidos chileno, funcional desde los años treinta, mostraba arrestos centrífugos en los años sesentas. Para este período, la "pobre pero honrada" clase media chilena y los trabajadores, "leales a su gremio" por principio, buscaban un modelo alterno para poner a Chile de nuevo al frente y vanguardia a la vez que salvar su situación tendiente a la ruina. Y en la forma y acción del gobierno se veía el origen y solución de todos los males y problemas que les abatían. La gran industria del cobre y del hierro así como las tradiciones asociativitas daban para imaginar una tendencia natural hacia el socialismo y economía estatizada, tendencia que sólo había que apoyar políticamente de manera planificada y por la vía pacífica—a diferencia de Cuba—usando las instituciones de la democracia representativa. Con esta visión se fue articulando por la coalición de la Unidad Popular un proyecto muy utópico: la idea de la vía chilena pacífica al socialismo. Algo nuevo en el escenario mundial. Y como siempre un proyecto es encontrado y encuentra a su líder: Salvador Allende Gosnes.

En el polo opuesto del espectro político un grupo de intelectuales se formaba en Chicago con ideas igualmente de vanguardia; con la receta de los mercados abiertos y rediseño del Estado como solución. También este proyecto de derechas encontraría a su líder en Hernán Büchi. Y también era utópico a cual más que el proyecto de las izquierdas. Más el proyecto neoliberal, que por cierto en el resto del continente nadie siquiera discutía por entonces, no fue puesto a consideración de la opinión pública chilena sino al nivel de contactos con los militares proclives al golpe y traición, con líderes empresariales y con terratenientes nacionales y extranjeros.

El período 1970-73 chileno se inicia con las políticas estatistas y nacionalizadoras del gobierno encabezado por Salvador Allende quien con la Unidad Popular ganó una elección que desde el momento de su declaratoria de triunfo suscitó el conflicto proveniente del grueso de las clases medias que no lo apoyaron nunca. De no haber sido por tanta retórica exasperante, Allende hubiera impulsado una economía estatizada con remanentes de agricultura y pequeña empresa privada; pero simultáneamente los políticos derechistas y agentes asesores de Estados Unidos fraguaron una conspiración golpista que alcanzó su objetivo el 11 de septiembre de 1973.

El período 1973-1980 es el del terror revolucionario. Todas las alianzas sociopolíticas fueron rotas y el Estado encabezado por una junta militar se alió a extranjeros intereses recibiendo además apoyo de los terratenientes y de los industriales chilenos. Las clases medias y trabajadoras, rurales y urbanas, fueron excluidas políticamente. Visto en retrospectiva es una revolución toda vez que fue un fenómeno de liberación de fuerzas no voluntarias y el entronizamiento de un poder absoluto poseedor de un proyecto.

Está de más decir que el aparato institucional voló hecho pedazos, como el Palacio de la Moneda; fue desmantelado de raíz y se dio paso, en 1980, a la formulación de la tercera constitución chilena en su historia. Constitución redactada por el poder militar revolucionario y sometida a consultas solo a un reducido bloque de participantes, interactuando con los intelectuales de la escuela de Chicago y los representantes de empresarios y terratenientes, antes del plebiscito organizado por el propio gobierno dictatorial.

Desde el punto de vista político militar, el proceso encabezado por Augusto Pinochet fue una especie de invasión a su propio territorio; ocupación militar de su misma nación. Y en la persecución de los elementos del régimen depuesto, la junta militar no concedió derecho de vencidos; todo en el marco de un odio y crueldad desatados.

El subsiguiente proceso en un primer momento, después del golpe y en medio del terror, de ajuste estructural, así como el rediseño de las instituciones neoliberal, después, se hizo de manera revolucionaria de excepción: casi sin consultas de actores y fuerzas políticas organizadas—proscritas y perseguidas—dando por resultado la radicalidad de los cambios. Era como decir: "Señores, las cosas van a ser así, y punto."

El juicio de la historia y los defensores de los derechos humanos se están ya encargando de someter a la justicia a Pinochet. Fue inmensa la presión de los familiares y amigos de los chilenos detenidos y desaparecidos durante el terror, quienes pugnaron por dos cosas: la verdad sobre el paradero de los restos de sus seres queridos; y la justicia sobre los responsables de las violaciones criminales e inhumanas, sin excluir a los altos mandos y al mismo Comandante en jefe. El juez Baltasar Garzón consiguió la detención en Londres del ya anciano Pinochet quien no escaparía ya al dedo acusador de la conciencia planetaria.

Para un observador externo, sorprende que existan las posiciones a favor de Pinochet, con argumentos que no son en realidad maquiavélicos, por que si bien en el *Príncipe* se recetó que en política "el fin justifica los medios," en realidad Nicolás Maquiavelo fue un hombre profundamente moral. Mas bien el argumento sería el de León Trosky quien declaró que en asuntos de proyectos políticos no vale moral eterna; que sí vale, en cambio, ensuciarse las manos hasta los codos cuando es menester; y que el político que busca la salvación de las almas y se guía con escrúpulos morales hará mejor con dedicarse a la prédica.

2. EL PROYECTO TRIUNFANTE

Se dijo que como va Chile va el mundo porque fue mítica la estabilidad constitucional de sus instituciones, con renovación regular de poderes debido a sus constituciones de 1833 a 1925 cuando cambió, y hasta el golpe de Pinochet en 1973 para un nuevo cambio constitucional en 1980, aún vigente. En la mirada de largo plazo, Chile muestra gran estabilidad política.

Cuando la economía chilena llegó, al inicio de los 70tas, a un capitalismo de Estado basado en la extracción del cobre y hierro, las clases medias no encontraban otra oportunidad vital más que los puestos dentro del gobierno y sus organismos.

Es innovador el orden constitucional chileno. Desde 1833 rediseña sus estructuras institucionales, con la separación de la iglesia y el Estado y con el acceso de los desfavorecidos a la estructura política[47]. El último gran rediseño, la constitución de 1980 resume y continúa la dictadura de la Junta Militar encabezada por Augusto Ramón Pinochet. Se revisó allí toda la institucionalidad del país. Se crearon nuevas instituciones decisivas, tal como el Consejo de Seguridad Nacional, donde participan los ministros de la Suprema Corte de Justicia, las Fuerzas Armadas, un contralor y el general de Carabineros, para que resulte así que el Presidente esté en minoría frente a las Fuerzas Armadas y resulte controlado por el Consejo. Todo ocurre como si se temiese al fantasma de la Unidad Popular (coalición política que llevó al gobierno socialista, en plataforma de Salvador Allende Gosnes); no se quiere

---

[47]   El sistema de pensiones y de seguridad social fue pionero en los años 30tas.

que reaparezca y se repita la experiencia de "La Vía Chilena al Socialismo" del inicio de los 70tas.

Chile ha experimentado un crecimiento económico con tasas del doble que el resto de los países latinoamericanos; experimenta salarios que suben y que el desempleo se estabiliza. Sus exportaciones agropecuarias se orientan a mercados novedosos, distintos, como los países asiáticos.

La constitución de 1980 mantiene el predominio del poder ejecutivo pero éste no es soberano sobre las Fuerzas Armadas que reciben el 10% sobre las exportaciones de cobre—que no se reprivatizó—, unos 500 millones de dólares anuales. No es el Presidente el Comandante en Jefe de las Fuerzas Armadas, tampoco éste es designado por el Presidente, sino en procesos internos de las Fuerzas Armadas.

El Senado tiene restricciones toda vez que el presidente designa una parte, y hay senadores vitalicios. El sistema de partidos chileno en la postdictadura refleja, en su evolución, las mismas fuerzas políticas esenciales, el mismo espectro político que se manifestara en 1970-73, cuando Allende, o muy parecidas.

La institucionalidad laboral que se debía a la Constitución de 1925 y a la Ley Social de 1935, fue modificada en su esencia. Las actuales disposiciones se articulan con la política económica en cuanto al trabajo. Limitan el número de dirigentes sindicales y las materias objeto de discusión en referencia a los procesos productivos se reducen, y prácticamente no se discutiría ya la organización de la producción, los métodos de trabajo o la tecnología: serán decisiones unilaterales de la empresa. Hay cambios en la seguridad social, privatización de los servicios de salud y asociaciones de fondos de pensiones que manejan empresas privadas (con el riesgo de tasas de rendimiento ocasionalmente negativas, como en 1998).

La reforma institucional de 1980 tocó al ejecutivo, al legislativo, a sindicatos y servicios de salud, creando condiciones institucionales desreguladas que tienen una estrecha relación con el "milagro económico" después de 1986, que se atribuyó en su momento al monetarismo de los "Chicago Boys" exclusivamente.

A partir de 1986 la economía chilena funciona en términos de los requisitos del mercado internacional. La electricidad y la siderurgia privatizadas; no así, ya se dijo, el cobre. La nacionalización de la "Gran Minería" del cobre no se ha revertido[48]. El gobierno de Pinochet indemnizó jugosamente a Kennecott Copper Corporation y Anaconda Copper Corporation. El 40% de los ingresos por exportaciones se deben al cobre, lo cual muestra capacidad de

---

[48] De igual manera con respecto al hierro, la empresa estatal Compañía de Acero del Pacífico (CAP) controla la mayor parte de la producción y venta exterior.

intervención estatal. Las Fuerzas Armadas reciben un 10% de esos ingresos autónomamente, es decir, sin que intervenga mayormente el gobierno.

El papel del Estado se transformó con la apertura comercial y las privatizaciones: ahora juega como facilitador del proceso de acumulación de capital por la creación de puertos, carreteras, medios de comunicación y "soft ware".

Entre los elementos del cambio de paradigmas resaltan sobre todo a las nuevas alianzas, nuevos actores y sistema político: ruptura de los pactos corporativos y un nuevo modelo económico de crecimiento y desarrollo basado en los mercados mundiales permeado por la mística de la eficiencia y la competitividad y de la Nueva Gerencia Pública." Así también conlleva cambios en el sistema de dominación que usa de los mecanismos del mercado, y la redefinición o disciplinamiento de los trabajadores industriales y del campo donde también la clase empresarial fue disciplinada.

Los problemas que tiene Chile son los siguiente: 1) el bloqueo al funcionamiento institucional por los candados y aspectos de la "democracia protegida" por las Fuerzas Armadas". 2) El resultado cada vez más desigual entre la población, una dinámica concentradora del ingreso con el 10% de la población recibiendo el 62% del PIB por no aplicar medidas fiscales, el gran dilema de la escuela neoliberal de Chicago: si se le pega duro al que más gana, más se pone en duda el "modelo" porque entonces no van a invertir. La opción es que consuman mucho los que mucho ganen (esto lleva a estilos de vida como el de "Ricas y Famosas[49]" . . .). Que se realice la teoría del goteo: la riqueza y la abundancia llegará a todos tarde que temprano. En realidad la chilena es una economía que descansa en el endeudamiento y la masificación del crédito. El chileno promedio está endeudado "hasta el cogote." 3) Otro problema actual de Chile es el sistema de partidos y la Ley Electoral, que favorece las victorias de los partidos chicos de la derecha chilena, y por esta vía la sobre representación. 4) Está el hastío y otros signos de desorden mental y moral que aqueja a las clases medias y altas por razones aun no muy claras. 5) Finalmente el deterioro ecológico y ambiental.

En el período del rediseño institucional brilló la eficacia de los "Chicago Boys" (Büchi, Briseño, y otros) (jóvenes economistas graduados en la Universidad de Chicago, con Milton Fritman, ideólogo y técnico del neoliberalismo latinoamericano), quienes actuaron como consejeros de la dictadura, en particular, Germán Büchi. El modelo neoliberal tiene estos rasgos: apertura de la economía a los mercados mundiales, privatización de

---

[49] La Señorita Rossell publicó, en su libro "Ricas y Famosas" fotografías de mujeres de la plutocracia mexicana en escenarios de sus interiores, donde se muestra un mal gusto "kirch" por saturación, entre otras razones.

la empresa pública, adelgazamiento del Estado y recortes presupuestales (cuando las oportunidades del servicio público era tan importante para las clases medias), ideología de la competitividad y la eficacia; etcétera. El talón de Aquiles a la postre de tal modelo fue la concentración de la riqueza por los mecanismos del mercado y de respaldo a los más fuertes, y la incapacidad del sistema fiscal de captar recursos para ser aplicados a lo social, sin que los sectores pudientes e inversionistas lo interpretaran como un atentado al proceso capitalista de acumulación.

3. FENÓMENOS SOCIOCULTURALES CREADOS POR LA REVOLUCIÓN CAPITALISTA CHILENA

Ante todo, la mercantilización que se define como la transformación de todas las relaciones sociales de intercambio en objeto de compraventa mediado por dinero.

Es una sociedad en la cual las personas se tornan consumistas, hedonistas y tienen por "Dios" al bienestar.

Es una sociedad donde todos los segmento tuvieron que reconstruir su identidad, su yo; y la simbólica del consumo, donde una inversión de valores opera: lo material sobre lo espiritual: los bienes de consumo (auto, casa, ropa, etc.), el culto a la apariencia sobre la integridad, honestidad o sanción comunitaria.

Se produce el efecto "trabajólico": preferencia por estar trabajando que estar en tiempo libre, por una parte; y por otra alienación, evasión, anomia, problemas mentales y emocionales generalizados, sobre todo en el período previo a la reinstauración de la democracia con sus normas claras y coherentes.

La camaradería de antes se tornó en "piratería" donde la competencia desleal en los "equipos de trabajo" da por resultado ambiente de trabajo deteriorado.

Una de las causas de la mercantilización es la masificación del crédito y la política de integración y dominación por el mercado, más que por otro símbolo, por ejemplo: el deporte o las tradiciones. Es un modelo de integración social que pone en segundo plano la integración como ciudadano político.

El resultado en la ideología es el conformismo manifiesto en expresiones como esta: "sí Cuba lo intentó y no evolucionó como se esperó en algún momento, entonces no hay alternativas". Además, los tipos mixtos que combinan estatismo con mercado, en los sistemas de pensión y atención de la salud, como Uruguay y Brasil, se consideran menos modernos, como premodernos; se ven también así a los corporativos asociativistas (sindicatos, iglesia, universidades).

El mercantilismo genera un individualismo que trae evidentemente la ruptura de la solidaridad; y más profundamente la destrucción del capital social y la ayuda muta confianza y hasta complicidad presente en el asociativismo.

La mercantilización en el caso Chileno sobre todo fue rural por lo siguiente: se transformaron las relaciones de aparcería agrícola o inquilinato de difusa cuantificación—el inquilinato es de origen colonial cuando había escasez de indios a ser repartidos—en relaciones asalariadas y contabilizables. Así también, la mercantilización, el tornarse objeto de compra venta, devino de la privatización de los servicios públicos y la emergencia de escuelas y seguros médicos privados y transportes como carreteras de paga.

La privatización-mercantilización de la salud implicó cambiar el status organizacional y financiero de los sistemas de salud, de pensiones y de asistencia.

Todo ello vino dando una reforma de la naturaleza del Estado y de la ciudadanía, donde los "derecho" ganados por el hecho de ser ciudadano, se tornan exclusivos; donde las ideas éticas triunfantes nada tienen que ver con la solidaridad humana esencial y sí mucho con el egoísmo pagano y el fetichismo del dinero. Antes que ver por el prójimo, el nuevo Estado y su trasfondo ético busca la idea de promover el deseo de consumo, como imagen del éxito, impulsado por el crédito masivo sobre la base del disciplinamiento a posteriori para pagar la deuda, por ser actos de consumo por encima del poder adquisitivo, comprometiendo el ingreso futuro. Así ocurre que hay amabilidad en las relaciones de consumo pero dureza en las relaciones de trabajo. Surge la integración por vía del mercado y la construcción del yo a través de los objetos y envolturas: señales de ganadores y perdedores.

Son rasgos mentales, por tanto, el conformismo y el individualismo. Pero conformismo individualista es también el abandono de los ideales de excelencia. Renunciar a la mejora continua y logros sobresalientes en lo individual y como nación. Aceptar el deterioro ambiental, humano y social y a buscar evasiones etílicas. Pensar que no hay modelo alterno y que no se puede idear uno propio. Resulta en última instancia de las nuevas formas de organizar la economía y su lógica; son las estrategias individuales, no asociativas de alcanzar objetivos y beneficios ligados al trabajo o actividad profesional. La fuerza de trabajo como mercancía asume una actitud de "pirañas" o mercancías que se devoran entre sí. Mata toda idea ética: solo importa ser un ganador. Claro es que los trabajadores quedaron sin sindicatos fuertes y sin ingerencia en los métodos de organización de la producción. Y en el fondo hay, con el cambio en el sistema de seguridad social, ruptura del pacto o contrato social intergeneracional administrado por el Estado. El gobierno ahora, en sus diferentes niveles y programas, solo ayuda a los más pobres con una idea de crear habilidades participativas no participación en sí.

CONCLUSIÓN

Es coherente intentar un balance de la revolución capitalista chilena, a modo resaltar los pros y los contras; así como los dilemas que por mero efecto de demostración se plantean a los vecinos.

Evidente es el crecimiento sostenido del ingreso, fue y es un círculo virtuoso del desarrollo; sin embargo lo explica en gran parte la crueldad planificada o desatada, cuando la dictadura militar (1973-1988): el medio no justifica el fin. Por otra parte, sin duda la economía chilena se tornó en los años noventas el modelo a imitar: liderazgo mundial y laboratorio del futuro y subsecuente orgullo nacional. Pero una mirada detenida revela la excesiva concentración de la riqueza de la mano de un conformismo de la población.

Es verdad que se busca la equidad en principio, explorando alternativas de asistencialismo y justicia social aunque matizada por la lógica del mercado; pero esa buena intención no reduce la alienación y hastío, algo que parece tener por explicación un neopaganismo ("Dios" dinero) y consumismo. De modo que la solidaridad social y sindical se perdió o cambió por una meritocracia y competencia desleal entre pares o supuestos colaboradores.

Es notable y positivo cómo se superaron en Chile obsolescencias mentales y prácticas de algo así como lo siguiente: la vieja dinámica de sociedad tradicional que repartía la posición y el status—derivado de los puestos en las burocracias civiles, militares, religiosas, etc.—de origen colonial. Sin embargo ahora se ve el fenómeno del "trabajolismo" lo cual significa esto: rutina del trabajo donde el tiempo se cuenta gota a gota y no hay lugar para el café, la siesta o la conversación social y que por tanto no se sabe vivir el tiempo libre.

La privatización generó sinergias financieras sin duda, pero ello acarreó corrupción de cuello blanco e impunidad, así como mayores gastos de bolsillo para servicios antes públicos como salud, educación, etc.

Todos los vecinos latinoamericanos, con historia y problemas similares, reciben una serie de desafíos y dilemas como los siguientes: qué hay que privilegiar desde el punto de vista de la cultura: o bien ser de mentalidad materialista o bien espiritualista; lo que es lo mismo definir en los sistemas apreciativos o de valoración qué deberá tener primacía: ¿el ser o el tener? ¿Qué idea enseñar de la naturaleza humana? ¿Qué ética deberá guiar al Estado: una de redistribución o una de favorecer las diferencias?

En el plano de los cambios estructurales, cuál es la opción correcta: privatización vs. sistemas mixtos estatal-privado, a modo de salir de una acumulación primitiva permanente con sus círculos viciosos del subdesarrollo.

En el plano sociocultural: qué habrá que promover de entre la solidaridad social o bien el individualismo egoísta. Con la perspectiva de que el primero conduzca al corporativismo patrimonialista anticuado y el segundo a relaciones capitalistas de producción e intercambio egoístas.

Qué hacer con los campesinos; ¿integrarlos a la regularidad democrática y del mercado o mantener políticas contradictorias complementarias hacia éstos campesinos y trabajadores en proceso de proletarización? Y finalmente, las sociedades latinoamericanas deberán responder a la siguiente pregunta: ¿quiénes darán en el nuevo contexto, el consejo ético, es decir, quiénes serán los "gurus" y escuelas de pensamiento ético y moral que orquesten en la pluralidad, el pensamiento sobre lo correcto e incorrecto dentro de la educación en los nuevos contextos de vida?

Actividad de aprendizaje 5.1 Crítica del texto: "Chile: otro acercamiento plitológico"

Sesión de planteamiento de dudas, objeciones o suspensión de juicios.

Propósito: Primero, despejar los puntos que se hayan pasado sin comprender o no quedaron claros durante la lectura; en segundo lugar, formular objeciones antes de pensar igual o bien decidir suspender el juicio antes de acordar puntos particulares Si no hay objeciones previas, o se han agotado ya las expresadas, se procederá a formular preguntas que permitan evaluar la comprensión del ensayo.

Pasos:

1. Primero, despejar los puntos que se hayan pasado sin comprender o no quedaron claros durante la lectura.
2. Segundo, formular objeciones antes de pensar igual que el ensayo, o bien decidir suspender el juicio antes de acordar puntos particulares.
3. Si no hay objeciones previas, o se han agotado ya las expresadas, se procede a responder las siguientes preguntas que permiten evaluar la comprensión del ensayo

¿El modelo chileno individualista ultra privatizador es superior a los modelos mixtos en que empresas e instituciones públicas y privadas coexisten?

¿Cómo se puede medir y cuantificar la superioridad de uno u otro modelo, que no sea el sólo crecimiento del Producto Interno bruto (PIB) o el PIB per cápita? Es decir, ¿con qué criterio medir el desarrollo social y político?

Nota bibliográfica

Moulian, Tomás. *Chile actual. Anatomía de un mito*. Ed Arcis, Universidad. Serie Punto de Fuga. Santiago, 1998. Recuenta del presente hacia el pasado el proceso chileno, articulando reflexiones desde diferentes ángulos de las disciplinas sociales.

Allende, Isabel. *La casa de los espíritus*. Diana Literaria. México. 1996. Hace desde el punto de vista de la ficción literaria una descripción de los procesos sociales vividos durante la transformación sociopolítica chilena.

Para comprender la revolución capitalista chilena se recomienda el trabajo de Alejandro Foxley: *Los experimentos neoliberales en América Latina*, ediciones Sur, Santiago de Chile, 1984.

En lo que respecta a los aspectos del modelo es útil el texto de Juan Gabriel Valdez, *La escuela de Chicago: operación Chile*, Grupo editorial Zeta, Buenos Aires Argentina, 1989.

Capítulo 6

Los valores consenso

INTRODUCCIÓN

En este ensayo se define el término "valores" y se exploran las implicaciones del proceso apreciativo en la vida de los seres humanos en varios niveles. Por otra parte, se reflexiona sobre la diferencia entre filosofía en su rama axiológica y la psicología social.

Se mostrará que el esquema de valores en la reflexión ética es como sano y vigoroso para la búsqueda de consensos, para generar normatividad de actividades específicas y para la educación moral y humanística: esquema con el que se aspira a generar referencias comunes para la convivencia. Sin agotar el universo de la ética, se mostrará que la reflexión sobre los valores es básica e introductoria para el desarrollo del razonamiento moral si está complementado con el conocimiento de las tradiciones de pensamiento ético. Finalmente, se muestra cómo hay confluencia entre la ética y la política y la vida social: nudo muchas veces ignorado entre las ideologías políticas y sociales y por la mera reflexión ética normativa.

Desde el punto de vista pedagógico, se piensa que establecer una visión actualizada de la eticidad general y de la ética en las diversas esferas de actividad sólo es fructífero si es original en su fundamentación vivencial.

Toda actividad ética, al igual que toda ideología política, debe ser aborigen, en el sentido que, por una parte, brote de la experiencia e interacción y problemas reales, y por otra, alcancen—y crea en—sus fundamentos valorativos. Toda sociedad debe generar a su propio Kant, cual su cimiento del pensamiento ético y epistemológico; sin que se deba interpretar esto como que se pretende ignorar o igualar a este gigante; al contrario, como dijera Newton: "Hé (quiero) visto (ver) más lejos porque me elevé (elevaré) sobre los hombros de gigantes".

Una vez dicho que es preciso "sustituir las importaciones" de ideas sobre el *ethos* (en analogía con la gimnasia: es bueno hacer gimnasia para bien del cuerpo y al hacerlo, saber que existen maravillosos gimnastas olímpicos y saber que esa existencia no me impide, pero tampoco me ayuda, a no ser como modelo, a mi propia reflexión y decisión ética) a riesgo de caer en la mera contemplación estéril para la vida social; una vez dicho tal, corresponde subrayar la importancia de que haya una actividad de pensamiento ético en dos dimensiones: la primera la decisional transformadora y práctica, que establezca, fines, normas y actitudes emotivas específicas, en el terreno ideológico-político o ideologico-social, ante los dilemas éticos del siglo XXI; y la segunda: la actividad reflexiva filosófica de visión del universo, el tiempo y la vida, la cual orientará como brújula a la actividad práctica.

1. ANTECEDENTES

Con el marco de un pensamiento sobre las realidades contextuales de México, Cuba y Chile, se tiene el propósito de reflexionar sobre el tema de los valores dentro de la tradición de la ética, y tratar de relacionarlo con la transformación de la cultura ciudadana en nuestra región.

¿Qué debemos entender por valores? El vocablo "valor" tiene la misma raíz que evaluar y valorar; es afín con las ideas de apreciar, reconocer, aceptar. El acto de valorar es dar aprecio, desprecio o indiferencia a algo o a alguien. Toda persona tiene necesidad de formularse criterios de actuación, una serie de creencias, convicciones y aspiraciones que conformen su filosofía de la vida; y en ello los valores son nuestra guía de actuación conforme a los cuales los actos humanos adquieren un significado. Por consiguiente, en cierto sentido es verdad que los valores son aquellos principios o ideas que a largo plazo se traducen en hechos y en acciones concretas.

Valor, meta y motivación tienen significado análogo entre sí. Llamamos valor a cualquier cosa cuando la consideramos como digna o indigna de nuestro querer; tal que no nos es indiferente. Cualquier situación que veamos como meta u objetivo es fin de nuestro querer y de nuestro obrar, es decir, lo deseamos y aceptamos como un bien, el cual nos motiva.

Los valores están presentes en la compleja realidad humana. Hablamos de valores personales y los llamamos convicciones y creencias, los valores de una organización son su cultura, en una familia su estilo de vida y en un país sus tradiciones e identidad.

¿De qué depende que valoremos positivamente más unas cosas que otras? Y ¿de qué depende que nos agrade o desagraden unas cosas y otras? Ciertamente no de nuestro querer o voluntad. En el primer caso, el descubrimiento de un valor, es un descubrimiento filosófico-el valor-; en el segundo, el sentimiento de agrado o desagrado, es un proceso psicológico ligado a la experiencia—el sentir. Con razón se ha dicho que valoramos más lo que más nos cuesta. Y también se cree que los seres humanos valen en sí mismos por la dignidad humana a imagen del creador; luego en un segundo orden, porque sirven para algo y finalmente porque los apreciamos independientemente de su utilidad o belleza.

En este sentido, acéptese por principio a fin de obtener conclusiones, que los valores son absolutos; que el hombre no se dicta a sí mismo el valor de las cosas y su conciencia bien formada reconoce un orden que él no decide.

¿Será posible hablar de educación universitaria sin referirnos a los valores? Ciertamente no, toda vez que la educación universitaria está dirigida a los seres humanos en proceso de maduración. Los institutos universitarios tienen su tarea: generar, transmitir y difundir el conocimiento. ¿Cuáles son los valores de la educación universitaria? La educación tiene que ver con la ciencia, con la tecnología y con la dimensión de formación de los estudiantes en los valores.

En las universidades se enseña la ciencia para saber pensar. Para saber por qué. Es la actitud intelectual, el "eidos" (ideación) hacia lo que el objeto es: es la actitud de Humbolt explorando América. Es el interés por conocer que genera la discusión y el discurso cognoscitivo. Hacer ciencia en un contexto educativo es enseñar a investigar y descubrir la verdad en un campo de la realidad. El valor que buscamos es la verdad. La verdad como fin no admite la inercia y la uniformidad de pensamiento; requiere por el contrario de dudar, cuestionar, probar y verificar hasta establecer cocimiento causal.

Se aprende tecnología como un saber hacer, para saber cómo. Para la práctica: es la actitud "volitiva", de la voluntad, predisposición de querer operar con los objetos que están allí. Es la actitud de Edison ante la electricidad. La tecnología es el medio para utilizar el conocimiento, su valor es la utilidad. Es el interés práctico que genera la tecnología pero también a la discusión ideológico-política.

Por su parte, educar en los valores es redescubrir los procesos de crecimiento que todo ser humano debe desarrollar para acrecentar su calidad de vida. Es el interés de la comprensión del sentido del mundo, de la vida y los valores universales. Educar en los valores, es conseguir que cada estudiante encuentre el camino de lo que nadie puede hacer por él mismo, que encuentre el modo de cómo desarrollar sus propias creencias y convicciones. Es la actitud filosófica y emotiva de percibir lo que el objeto vale: lo bueno o malo; lo bello o feo; lo agradable o desagradable; lo magnífico o mísero, conveniente e inconveniente; la liga entre lo bello y lo ético por un lado y entre el error y el vicio con lo horrible, por otro.

El cuadro siguiente sintetiza los tipos de habla y discurso: el científico regido por la razón experimental; el práctico ya sea con interés político o normativo y su relación con la acción administrativa y técnica; y el nivel de discurso sobre el sentido último del mundo, de la existencia humana y de la vida, es en este discurso reflexivo donde se ubica el estudio de los valores consenso.

Tipo de actitud	Uso del lenguaje	Producciones
Interés cognoscitivo	Discusión causal e interpretativa	Discurso descriptivo, explicativo (ciencia)
Interés práctico para la decisión	Discusión ideológica—política y técnica	Discurso persuasivo y prescriptivo (plataformas, normativas y consejos técnicos)
Interés de comprensión del mundo	Discusión orientada a la ampliación del entendimiento de ideas y valores[50]	Discurso de cuestionamiento socrático o bien de argumentación e iluminación (filosofía)

La perspectiva humanista afirma que el ser humano no vale por lo que tienen, ni por lo que sabe, ni por lo que puede: vale intrínsecamente. En un segundo orden, vale por la forma y sustancia para lo que sirve, por su utilidad, y por la belleza, perfección y gracia de cómo desempeña su función útil y perfección ética y estética que hace diferentes a las personas y les da posiciones diversas en la sociedad, según su función y perfección. En un tercer plano, las personas y las cosas tienen valor por el aprecio, por el afecto, que se les tenga; sin mirar su utilidad o gracia.

Sin embargo, en el nuevo milenio las personas y las sociedades pueden no ser capaces de definir claramente lo que se quiere y cómo lo quiere lograr. En el nivel de la persona, tanto como en las organizaciones y al nivel sociocultural tenemos valores que lejos de cambiar, debemos reafirmar. Pero también costumbres y hábitos que debemos cambiar; porque el nuevo siglo

---

[50] El desarrollo del razonamiento moral sigue tres etapas, siguiendo a Colbergh: interés personal, convenciones sociales y conducta referenciada a ideales universales.

significa un reto de competitividad y productividad y de rediseño de códigos éticos; pues si un sistema no sirve al bienestar del hombre, entonces ha fracasado y por consiguiente serán necesarios nuevos cambios. Y este es el gran reto para Latinoamérica y de manera muy particular para México: redefinir sus líneas y jerarquías de valoración, conservando su identidad y creando para ello sistemas educativos de primer nivel, de primer mundo.

Los valores nos ponen en movimiento. Si bien la última determinación de la moralidad de la persona no depende tanto de los valores que escoja cuanto de las obras que realice, siempre es importante para tomar una decisión auténticamente libre, tener conciencia del valor que tiene aquello que elegimos y qué relación guarda con el conjunto de los valores; pues los valores influyen decisivamente en nuestra existencia. Son nuestra autodefinición como personas, guían todas las decisiones que tomamos y configuran la naturaleza misma de nuestro ser.

Enseñar valores es construir una imagen real del mundo y del hombre. Un paso fundamental es tratar de definir quiénes somos a través de nuestra historia, de nuestra cultura, de nuestras raíces. Y simultáneamente definir a dónde vamos, por medio de tener una idea clara de qué estamos siendo. Al enseñar valores, por tanto, se deberá dar un giro de 180 grados desde las visiones fáciles de corto a una esforzada de largo plazo; y a una mentalidad que sepa generar e innovar, y no ya procesos de enseñanza y aprendizaje con base en la memoria y la obediencia del educando como fin en sí.

Enseñar valores es ayudar a resolver los problemas de cada día, sin que éstos gesten frustración, sino aprendizaje y reto para enfrentarlos. Enseñar valores es sugerir las alternativas del proceso personal de inacabable crecimiento que se llama auto educación. La educación que cada uno debe darse a sí mismo.

Sin embargo, como hay proceso de crecimiento en los valores, también lamentablemente, pueden generarse en las personas, organizaciones y sociedades procesos de agotamiento y de involución de las convicciones y las creencias, a conductas abyectas e indignas, lo cual lleva a obras adversas, nefastas.

Cualquier institución universitaria tocada de humanismo expresará una filosofía educativa la cual toma a la ciencia y la técnica como subordinadas a esos valores que mueven objetivamente en la dirección del desarrollo moral del género humano. Es la convicción que la ciencia y la tecnología sin objetivo social y sin normas de moral se convierte en egoísmo y destrucción. Querer evitarlo explica la continuidad de los cursos de humanidades aún en los institutos de enseñanza tecnológica.

La cultura de una organización tiene una historia, no es solamente la reseña de los acontecimientos sino la intencionalidad, propósitos y metas de quienes la realizan. Toda cultura organizacional tiene en su esencia una serie de principios que la definen y la singularizan. Y los principios marcan lo que no puede sernos indiferente: los valores y los antivalores.

2. AXIOLOGÍA Y PSICOLOGÍA SOCIAL

El término axiología sirve para señalar la ciencia de los valores Axios=valor; es lo digno de ser estimado o buscado. La axiología no se limita a los valores morales, sino que se extiende a todos los valores, tanto estéticos, intelectuales, como económicos: es una ciencia que se sitúa en el plano meramente abstractivo[51].

La axiología filosófica tiene algo que decir distinto y más profundo sobre la cultura y los valores, distinto y más profundo que la psicología en su rama de Psicología Social. Para la Psicología Social, la cuestión axiológica se reduce a discusiones sobre las sensaciones de "agrado, desagrado o indiferencia" por un objeto del mundo real.

En axiología filosófica, los valores son absolutos, no están como relativos a las personas o lugares o épocas. Por contraste, los gustos, agrados y desagrados sí lo están, son relativos. Los valores se establecen a partir de un punto de indiferencia que marca conforme se alejan de él lo más importante y valioso. Cada clase de valores tiene su antivalor: lo hermoso, a lo feo; lo ético al error y lo defectuoso; lo vulgar a lo refinado; etcétera.

Los seres humanos valoran y aprecian y estas apreciaciones son vivencias personales. Ciertos grupos comparten experiencias similares de valores. La esencia del "valer" es su carácter subjetivo y objetivo a la vez; de ser un proceso mental resultante de la interacción con el medio y de una elaboración intelectual. Los valores y las valoraciones no son substancias, cosas en sí. La palabra valor no se refiere a algo concreto (cosa, lugar, persona, idea). Por consiguiente, los valores no son ni objetos ni fenómenos subjetivos. Son "cualidades irreales". En último análisis, los valores son palabras, etiquetas que se adhieren a las cosas; adjetivos que hacen referencia a cosas

---

[51] Existe en la axiología filosófica una discusión sobre la definición de la naturaleza de los valores. Esta discusión consiste, por un lado en las definiciones e ideas que postulan valores absolutos frente a las explicaciones psicológicas: Sheller (con su intuición de esencias); y por otro a. Müller-Freienfels en Fundamentos de una nueva teoría de los valores, 1919. La valoración—nos dice Müller—es un proceso psíquico que relaciona a un sujeto que valora con un objeto valorado. Es la facultad estimativa.

"agradables", que gustan, que son deseables para un individuo, un grupo particular o para todos los humanos.

El proceso de generación de valores en el sentido señalado de cualidades deseables o "valiosas"—agradables y valuadas a la vez—es resultante de la interacción humana, de la experiencia de los individuos y las colectividades de generación en generación. Para George Simmel, el valor deviene de la experiencia de lo que cuesta trabajo o costos altos obtener. Por contraste, existen las cualidades indeseables, desagradables, que no gustan; por tanto, no valen. En este sentido, hay clasificaciones de valores y valoraciones: éticas (moral), estéticas (lo bello), lógicas (la verdad y la ciencia), económicas (la utilidad), políticas (poder y dominación) y personales. Todavía, son muchas las clasificaciones pertinentes. Dicho en otras palabras, todos los valores y valoraciones son susceptibles de ser clasificados según categorías generales abstractas referentes de un campo o nivel de la experiencia humana. Algunos valores son éticos; otros científicos o lógicos; otros vitales; otros útiles y otros deleitables. Los valores morales son transmitidos de generación en generación por el ejemplo en la familia y su significación en el habla, de manera combinada con la realidad social y económica de instituciones y grupos. Las clasificaciones de valores implican, es cierto, la definición de una jerarquía de alejamiento de lo indiferente, del punto de indiferencia; donde se sacrifica con gusto un valor por otro valor mas importante.

El análisis crítico de los sistemas de valoración y valores (sistemas apreciativos) muestra que estos sistemas son construcciones relativas a un lugar y época particulares, aunque es probable un sistema universal inherente a la especie humana; toda vez que los valores y las valoraciones están presentes en la existencia humana. De hecho, la lengua y el habla funcionan porque son, a la vez, sistema de percepción, apreciación y medición. No hay sincronía entre los sistemas de apreciación y los cambios técnicos y sociales. Por ello, son frecuentes retrasos, es decir, sistemas de valoración desfasados de las necesidades adaptativas creadas por el cambio técnico y material.

De alguna manera, la clasificación y jerarquía de valores de una sociedad y una época no es la misma al cien por ciento en otra sociedad y/o en otra época. Los sistemas de clasificación de las lenguas no son, evidentemente, ni universales y atemporales ni inmutables.

Pero ¿qué es la axiología filosófica? La axiología es la rama filosófica pendiente de aclarar y utilizar los procesos de valoración, los valores resultantes y el habla sobre ello, a fin de propiciar el desarrollo humano de las personas.

La jerarquía de los valores cristaliza en los dilemas; cuando se hacen elecciones dilemáticas: se sacrifica lo importante, gustosamente, por otro algo que es más importante aún; dicho de otra forma, algo menos indiferente. En todas las situaciones, salvo cuando se habla de moralidad, hay el juego cibernético de los rendimientos decrecientes en el cual la jerarquía es intercambiable: aquello que ya sacrifiqué puede resultar más valioso en una segunda ocasión en que se presente el mismo dilema.

El valor de cambio de las mercancías refleja el trabajo humano en general. El dinero se origina como equivalente universal con la función que antiguamente tuvo el oro. No se ha encontrado algo similar con los valores en el intercambio social: aquí habría que precisar unidades y medidas, por ejemplo, qué vale más, la aceptación social o la amistad. Con los valores socioculturales imaginamos maneras de cuantificar sus atributos: trascendencia, magnitud, grandeza, ejemplaridad, perdurabilidad, creatividad, primacía, etcétera.

De los principios éticos aceptados de manera universal se derivan normas y políticas particulares a cada contexto; y las decisiones se toman al nivel casuístico.

Existen las cualidades empíricamente observables, a partir de las cuales es posible caracterizar y de allí discutir y hacer ver "el valor" en cada área de actividad, profesión, ciencia. Estas caracterizaciones de cualidades son el núcleo de todas las discusiones sobre un tema, en analogía a la discusión entre críticos sobre el valor artístico literario de una página. Hay discusiones sobre la eficacia política de un gobierno entre analistas políticos y parlamentarios; sobre el desempeño de la economía entre economistas y observadores agentes; así en todos los campos. Otros ejemplos: al evaluar el desempeño de un alumno o de los alumnos a un maestro o profesor, ambos usan criterios y variables. Al evaluar el desempeño y avance de los alumnos.

¿Cómo ocurre con el comportamiento ético? El nivel de actuación del cual hablamos determina, por un lado, la definición de los objetivos de la conducta, ello es, el objetivo de la vida, el para qué estoy en el mundo y mi relación con los demás. Nos remite al núcleo de las creencias: sean religiosas, conductistas, psicoanalistas, humanistas: las que sean. El núcleo de las creencias es la serie de proposiciones o enunciados sobre el hombre—antropología filosófica o científica o mitológica—su probable o cierta relación con un creador, sobre las sociedades y la historia en general, sobre la relación individuo—sociedad; sobre el ser y la nada en la existencia o la vida.

Creer que el hombre—y la mujer—somos seres funcionales, productivos, semejantes a otras especies, cuya meta es nacer, crecer, gozar, reproducirse, envejecer y morir, lleva a una definición de lo ético, pues deriva en definir la buena conducta, y ver lo poyético[52] o acto acertado, conducta acertada y artística por así decirlo, y por lo mismo, su valor. Si creen que el objetivo o fin último es una vida plena de felicidad trascendente hacia el cual todo acto

---

[52]   Poyética es el término que refiere a perfección en el "hacer humano" en general

encuentra referencia de "bueno o malo" o indiferente, entonces se desarrolló una ética absoluta, una moralidad absoluta. Por ejemplo, para los judíos les fue dado las normas de la ley para que al cumplirlas tuvieran una buena vida aquí en la tierra; mientras que el cristianismo promete tras seguir el ejemplo de Cristo, una vida en el cielo, en la gloria del más allá—o aquí tras la resurrección de los muertos—; mientras que los judíos esperan su tierra prometida o si no cumplen, el castigo sería en este mundo. Y en estas creencias se observa afinidad del protestantismo con el judaísmo, por un lado, y el catolicismo con el islamismo, por otro.

En el terreno del pensamiento ético, si la filosofía de un pueblo cree que la evolución social llevó a poner "*El deber*" y su derivado, "*La justicia*", en el centro de la moralidad, se desarrolla una ética de carácter deontológico o de convivencia social.

Los valores universales, aquellos que son aceptados por todos o casi todos los pueblos y culturas, sin referirnos a sus creencias sobre el hombre y la deidad y el origen, tienen un aspecto de consenso.

La verdadera moral—los principios—son trasmitidos por la madre, el padre y el contexto institucional normativo y material, influidos por la cultura cívica de la sociedad, hoy sociedad mundial o aldea global.

La modulación por la religión y su aspecto moral, ahora también por los medios masivos de comunicación, en particular por las televisoras, a través del ejemplo y verbo de los papás y mamás, admite muchas diferencias en énfasis entre valores, de entre el catálogo de valores universales: es la formación del subconsciente de los niños que serán adultos.

La religión católica, con toda su parafernalia y ritos, culto y servicio, controla y modula mucho de la formación de valores éticos de las personas en donde es hegemónica. Lo mismo se dirá de todas las grandes y pequeñas religiones monoteístas. Las religiones son coherentes más o menos con los sistemas de producción—los favorecen o no—y se acaban adaptando. Las condiciones materiales de existencia técnico productivas, determinan en última instancia, la superestructura jurídica, política e ideológica de la sociedad.

Por su parte, la Psicología Social desarrolla los conceptos e hipótesis sobre la actitud o conglomerado de actitudes, de la opinión personal y opinión pública; de creencias e ideologías. El concepto de valor es importante para la psicología y la sociología, ciencias herederas de la vieja filosofía en el asunto de la cultura. Jorge Simmel escribió, como ya se mencionó, sobre los valores al albear el siglo XX; también, George Homans, a mitad del siglo XX y después de él, el sociólogo Peter Blau[53], hicieron de los valores piezas

---

[53] Gorge Homans. *The Social Behavior*; Peter Blau, *Exchenge and power in social life.*

centrales axiomáticas en sus construcciones teóricas en sus muy profundas obras, poco divulgadas en Latinoamérica. También el conductismo, asociado con B.F. Skinner, usa de los valores en su teoría del "acondicionamiento operante" como concepto teórico clave. No es el lugar para revisar todos estos desarrollos. Pero sí de definir los términos y conceptos de actitud, opinión, creencia y valores, tal como en la psicología social, la administración de empresas y en las encuestas de opiniones y de mercado se usa, y viene pasando ya al dominio público con todo y sus ambigüedades e imprecisiones que corregir y precisar es útil.

De una manera general decimos que las actitudes son las predisposiciones de naturaleza psíquica que tienen las personas para reaccionar favorable o desfavorablemente hacia un objeto psicológico. Es una respuesta constante frente a un objeto. Se argumentará que las actitudes cambian, y es verdad; pero no con la velocidad que lo hacen las opiniones, las cuales son otro elemento cultural. En referencia al comportamiento social, las actitudes son las predisposiciones a actuar, a relacionarse con los demás de cierta manera. Son tendencias que preestructuran la acción y orientan las valoraciones de conductas—las opiniones—, la percepción de oportunidades y las interpretaciones y reflexiones. Las actitudes condicionan el comportamiento y la visión de sí mismo y de los demás; son elementos de control interno que hacen de los comportamientos e intercambios sociales propensiones probables.

Una opinión es un juicio o punto de vista acerca de formas determinadas de proceder y se expresa en respuesta a preguntas del tipo "¿está Usted de acuerdo con p? "O del tipo "¿qué prefiere p o q?" donde p y q son descripciones de comportamientos específicos. La opinión también es la expresión de una derivación de alguna creencia, y toda creencia debería requerir manifiestamente someterse a procedimientos de prueba y verificación. Una opinión, ya como juicio de valor o como expresión de creencias y concepciones de lo deseable, está asociada con actitudes y valores más generales; una actitud o un valor determinado pueden, entonces, reflejarse en opiniones sobre asuntos diversos.

En cuanto a la naturaleza de los valores, desde Aristóteles se distinguen dos tipos de valores: los que aprecian las cualidades difíciles de igualar o *valores dianéticos*; y los que reconocen la conducta que hace a una persona confiable o *valores morales*. Cómo las valoraciones individuales y de pequeños grupos se incorporan a un sistema de valoración macro social, ha sido estudiado por la sociología contemporánea[54].

---

[54] Por ejemplo, la Teoría del Intercambio Social, o las especulaciones de Tlalcot Parson sobre los valores consenso.

3. ACERCAMIENTO A LA ÉTICA

Ética, deriva de éthos y tiene doble significado: el más antiguo, significa residencia, morada, lugar donde se habita. Connota al lugar que el hombre alberga en sí mismo, el lugar de su residencia, de su reflexión al exterior y a la intimidad. El éthos es *el desde*, del hombre, el ser en el que está implantado, lugar donde ha fijado su morada. Otro significado del vocablo éthos, es el de carácter o modo de ser, como forma de vida que va incorporándose a la existencia humana, configurándola y realizándola: por los hábitos y mediante las acciones se da contorno al éthos humano

La palabra moral, tiene su origen en el vocablo latino *mos, mores*: manera de comportarse, determinada no por la ley, sino por el uso, la costumbre. Moral, es lo que concierne a las costumbres. Ética y moral, en sus significados etimológicos, apuntan ya a algo común: a pesar de la variedad de matices ambas se dirigen a los actos humanos, no en cuanto simplemente realizados, sino en cuanto referidos a la bondad o malicia de los mismos. La ética y la moral tienen una acepción fundamental común: los dos saberes se refieren a normas de comportamiento consideradas como imponiéndose al hombre; ambas suponen que un orden debe realizarse. La moral designa un código de prescripciones o de prohibiciones aceptado por un grupo social (o establecido por un moralista a nombre de la deidad). La moral es concreta. La palabra ética, es una expresión más técnica dentro de la filosofía y designa principalmente un sistema de principios filosóficos que son la base de un código prescriptivo, el cual constituye la orientación del comportamiento.

3.1 Algunos puntos a considerar

Hay que resaltar la existencia de la influencia de Emmanuel Kant quien fue un filósofo, dentro del movimiento intelectual de la ilustración, cuya reflexión sobre la moral transformó en adelante a la ética. ¿En qué consisten los puntos esenciales de esa influencia? Se señalan los puntos básicos de su filosofía moral:

- No es necesario creer en Dios para analizar la naturaleza de la moral.

"La moral, nos dice Kant, cuando está fundada en el concepto del ser humano como ser libre, como tal, ese ser humano se liga a sí mismo por su razón a leyes incondicionales, no necesita ni de la idea de otro ser por encima del hombre para conocer su deber, ni de otro motivo impulsor que la obediencia a la ley para observarlo"

- Imperativo categórico establece que siempre: *"**Actúa como si de tu conducta se desprendiese un principio universal**"*.
- Contradice y discute una idea milenaria: de que *de* la existencia y creencia en Dios—y en el fuego eterno—*se sigue* la moralidad y la prudencia.
- Ya no la búsqueda de la felicidad eterna sino el cumplimiento del deber. El deber ser. No hay relación directa entre ser y deber, como creía la metafísica tradicional.

Otro punto a considerar en un acercamiento a la ética es la existencia de la Antropología Filosófica y en general la definición de la "naturaleza humana" vieja polémica que presenta ambigüedades, parece obsoleta frente a las tesis del la psicología social y la antropología moderna. ¿En qué se cifra esa polémica?

Tiene que ver con las preguntas perennes sobre cuál es la naturaleza del hombre; de si hay una maldad intrínseca, un egoísmo, como decía Hobbes (Homo homini lupus) o una bondad originaria, como pretendían Locke y Rosseau. ¿Qué es la vida buena? ¿Cuál es el fin último del hombre? ¿Qué debe hacer el hombre con su vida? Qué importa más: la igualdad o la libertad; en que tipo de Justicia creer (distributiva vs. Justicia conmutativa). Remite en última instancia al dilema de las "manos sucias" es decir, a la relación entre ética y política y por tanto al asunto magistralmente formulado por Max Weber de las éticas de responsabilidad vs. la ética de principios.

¿Qué implicaciones tiene la visión tradicional de la concepción de la naturaleza humana? Cuba es un ejemplo radical en su sistema apreciativo, la cristalización normativa del hombre como potencialidades a desarrollar y en última instancia el "hombre nuevo".

Son visiones del hombre que tratan de encontrar algo para lo que el hombre esté hecho, es la creencia de que el hombre fue creado por Dios, quien, además, tiene algunas esperanzas puestas en él. El ser humano como bueno y valioso, conciencia de valor intrínseco, de donde surgen las acciones buenas y valiosas. El hombre se hace a sí mismo: haciendo uso de su libertad, de su inteligencia y de su voluntad. Por ejemplo, la cosmovisión grecolatina y cristiana de Dios—ser—existir y los mandatos divinos, en último análisis, la resultante de la acción social y literaria de los profetas moralistas. De esta visión del hombre se deriva la creencia en la igualdad intrínsecas—no importa las incapacidades y diferentes habilidades y fuerzas a fin de cuentas, y menos los rasgos raciales—en cuanto seres creados con la posibilidad o potencia de unificarse espiritualmente con la divinidad, en función del comportamiento—moral—terreno; y al cual las condiciones exteriores condicionan, facilitando el comportamiento o lo pervierten.

Para la visión tradicional, la idea del individualismo posesivo que consideraremos adelante, que pugna por la libertad sobre la igualdad, tan pronto se pone a las personas, con tan grandes desigualdades extrínsecas, unos se apoderan incluso de los medios de trabajo y así se modifican las condiciones que hace posible la conducta moral, entendida como la que lleva a la unificación espiritual con la deidad, toda vez que las condiciones de vida y trabajo son apropiadas y sólo los poseedores pueden ser plenamente humanos en el sentido de realizar una conducta moral que les permita, a la postre, la unificación con la divinidad.

El fin último del hombre: poner por encima la fe en sus potencialidades y su desarrollo (salvación y realización) y por consiguiente en la creación de un entorno de oportunidades: actividad propósito racional. Concepción de fundamentación normativa: obligación política: valor de la igualdad: bondad originaria como pretendían Locke y Rosseau. Es responsabilidad del Estado, no sólo la asistencia al sufrimiento material sino la justicia social para la realización de las potencialidades humanas.

¿Qué implicaciones tiene la concepción de la naturaleza humana del individualismo posesivo? La cristalización normativa del individualismo posesivo tiene en Chile un ejemplo, en su sistema apreciativo. Los puntos básicos son los siguientes:

- La finalidad de la existencia y la naturaleza humana es desarrollo de las potencialidades de esencia poseedora, adquisidora, propietaria y consumidora (individualismo posesivo).
- Se admite y acepta que la esencia humana se halla "pervertida" a consumidor y poseedor al infinito, la adquisición, la mayor adquisición de cosas; por tanto no podían muchos ser plenamente humanos. Humano= poseedor. Concepción de fundamento normativo: ¡obligación política de cuidar la libertad de poseer!: valor de la libertad: hay una maldad intrínseca, un egoísmo, como decía Hobbes (Homo homini lupus). El Estado se encarga sólo del orden y se desresponsabiliza. Sólo los mejor dotados se apropiarán de los medios de ser plenamente humano y de bienestar, y cuida las condiciones de la competencia justa en lo posible.
- El individualismo posesivo considera una autonomía individual que parece ignorar la interdependencia. Parece fallar en integrar a la sociedad por otro mecanismo o valores distinto a el consumo por el mercado.

Para terminar, cabe señalar que no hay que perder nunca de vista a *La libertad y autonomía individual; pero también que el homo duplex: ser individual y ser social a la vez: ser* ontológicamente incomunicado en lo individual pero de real interdependencia en lo social, condición necesaria de la vida humana. Condición necesaria para la adaptación óptima y evolución es, por tanto, que el hombre se haga a sí mismo haciendo uso de su libertad, de su inteligencia y de su voluntad, dentro del contexto social y político.

CONCLUSION

Es difícil hablar de la ética y la moral en los tiempos que corren por la competencia entre persuasores y entre ideólogos; y por el desgaste que esta competencia crea.

Se concluye señalando una confluencia y amalgama de ética e ideología política: ambas son dimensiones normativas del discurso práctico transformador. Son cosmovisiones o propuestas éticas que conllevan el *consejo normativo*: de las cosmovisiones e ideologías y teorías, tanto éticas como políticas, se deriva tanto las normatividades para la vida en cada ámbito, como las propuestas de fines transformadores o conservadores: ideologías para la acción.

Por otra parte, la axiología filosófica y psicología social se mueven en ámbitos distintos: la psicología social es una disciplina científica con un discurso que busca las causas de los fenómenos; la axiología filosófica es un discurso reflexivo sentidual, que asigna sentido en torno de cosmovisiones, filosofías de valores.

El discurso de reflexión ética que utiliza el esquema de los valores—aun siendo una moda "quizá pasajera" en el pensamiento ético, el cual tiene una muy larga historia y diversas vertientes—tiene vida, y es acertado en la reflexión: es heurísticamente productivo, sugerente, esclarecedor; y en lo didáctico útil para la educación y **la mayéutica** de los valores socioculturales.

Finalmente, la posición adoptada frente al problema axiológico es la siguiente: los valores, cuando hablamos de principios universalmente aceptados, son absolutos, universales, atemporales, e implican un deber ser. De ello, se extrae una inferencia: los valores es un método para acercarse a la reflexión ética y por tanto para la educación humanista productora de ciudadanos éticamente activos. Existen valores en cuatro niveles: *virtudes morales, habilidades prácticas, misiones institucionales* e *ideales integradores* sociales. Esta variedad de valores podrá ser extraída de grupos particulares de estudiantes por medio de la siguiente actividad grupal.

Actividad multietapa de aprendizaje 6.1 "Integrando los niveles de valoración"

Propósito: La actividad "Integrando los niveles de valoración" tiene el objetivo de generar la manifestación de consensos y disensos sobre valores entre las personas participantes en pequeños grupos. Con esta actividad de aprendizaje se llega a la distinción entre: virtudes, actitudes y habilidades, valores ideales, actividades organizadas valiosas o misiones institucionales, que es aterrizada en el contexto de la transición a la ciudadanía plena que experimentamos en México y América Latina.

Se asume que el ser humano es un ser individo-sociedad a la vez: duplex; lo cual incluye el viejo sentido de que el hombre es un animal político, y que solo las bestias y los dioses están por encima o por debajo de ser social, pero también la realidad de la individualidad y de la conciencia personal. De modo que el ser humano es visto como una conjunción de inteligencia y voluntad autónoma o "libre albedrío" personal, y la interdependencia, relaciones sociales e intercambios, en suma: cuerpo e inteligencia y voluntad libre, socializada.

El esquema integrador de los niveles de valores:

1. Nivel de apreciación de Virtudes Morales.
2. Nivel de apreciación de Habilidades Instrumentales.
3. Nivel de apreciación de Misiones de Asociaciones y organizaciones.
4. Nivel de apreciación de Ideales Morales Universales

6.1.1 Dinámica nivel virtudes: Los perfiles morales: acercamiento cuantitativo.

Fundamentación

Cada persona tiene una medida de vicios y virtudes y hay acuerdo social sobre los rasgos morales que hacen "integra" y confiable a un hombre o una mujer para cada edad de la vida. ¿Es posible modificar el perfil moral personal? Pienso que en cada lugar y época se establece un consenso sobre los niveles de integridad de las personas. Siendo así, la respuesta a si ¿es posible el desarrollo tanto del razonamiento moral como del carácter moral de las personas? es el fundamento de cualquier esfuerzo pedagógico en esta área. Con esto en mente propongo el siguiente ejercicio de actividad grupal.

Mecánica de la actividad

Objetivos: Hacer una reflexión que haga evidente la diferencia cuantificada de los rasgos de carácter de sus costumbres entre los elementos de pequeños grupos.

Objetivo en cuanto a contenidos: extraer las ideas sobre los hábitos y predisposiciones valiosas
Objetivo formativo: Ajustarán sus deseos adecuadamente dilucidados.
Tiempo: quince minutos
Materiales: papel, lápiz y pizarrón
Roles: alumnos o personas que intervienen, coordinador (ra) y secretario(a).

Pasos:[55]

1"—**Por sorteo** se forman grupos de seis a ocho integrantes.
2"—**Cada participante** se asigna un número del 1 al 10 donde 1 es la costumbre menos arraigada; y 10 es la costumbre en exceso presente en el carácter de cada participante. Hasta obtener un perfil propio.
3"—**En orden,** cada quién muestra al grupo su perfil; simultáneamente reflexiona sobre qué vicio le apena más exponer ante el grupo.
4"—**Reflexión grupal en torno a lo siguiente:** ¿Es posible con la reflexión y razonamiento cambiar o reforzar el carácter o balance de

---

[55] La lista clásica de los "pecados capitales" será usada para explorar los excesos y los defectos del carácter moral de los participantes. El carácter moral definido como el perfil resultante del balance de vicios y virtudes en sus costumbres de cada persona. Esta lista consta de lo siguiente:

1. **Envidia** (del latín *envidia*, de *invidere*, mirar con malos ojos, pesar del bien ajeno); su contrario: . . . . **Caridad.**
2. **Avaricia** . . . . **Desprendimiento de los bienes materiales**
3. **Soberbia** (del Lat. Supervía) orgullo y apetito desordenado de ser preferido a otros; excesiva estimación de las propias cualidades con menosprecio de los demás); su contrario . . . . **Humildad. . .**
4. **Lujuria** . . . . **Modestia, castidad, virginidad**
5. **Pereza** . . . . **Diligencia**
6. **Gula** . . . . **Sobriedad**
7. **Ira** (del Lat. Ira,) Pasión del alma que impulsa a cometer actos de violencia contra las personas o las cosas; apetito de venganza); su contrario . . . . **Mansedumbre.**

vicios y virtudes de una persona? ¿Es posible el desarrollo moral, de las costumbres, de un alumno?

5¨—**reflexión grupal sobre el contraste entre:** las virtudes cardinales cristianas y las paganas (gloria, fama, fortuna honor).

Reflexión entre la diferencia del una ética basada en el deber y una ética basada en la finalidad de la realización humana.

Dinámica 6.1.2 Dinámica nivel de habilidades y actitudes: Los perfiles profesionales del "*homo faber*"

Fundamentación

La sociedad, por medio de la conversación, tiende a unificar criterio de lo que es valioso en carácter moral, habilidades, prácticas y actividades; por ejemplo, la práctica del médico atinado y honesto es apreciada por la sociedad. La conversación sobre lo que se aprecia en cuanto "saber hacer" y poder hacerlo de manera excelente, más allá de lo común, conduce al consenso sobre las virtudes dionéticas, en la terminología de Aristóteles. Se hablará de carácter profesional de oficios y de trabajo; del perfil del trabajador agente económico o social o político. Se busca extraer las habilidades y actitudes valuadas-deseadas por los participantes, es decir lo que se considera saberes prácticos y capacidades para desempeñar oficios, profesiones y disciplinas apreciadas.

Hay acuerdo en las virtudes dianéticas, entendido por dianéticas las que resultan de la fortaleza física y la inteligencia, que presentan como cualidades, capacidades y habilidades personales que permiten hacer cosas que valen.

En suma, esta actividad llevará al grupo en busca del consenso sobre capacidades y destrezas

<u>Mecánica de la actividad</u>: la habilidades para la adaptación óptima al entorno socioeconómico y político

Objetivo de contenidos: Se listarán los saberes hacer, profesiones, oficios, modelos de cada uno, que se consideran valiosos, difíciles de imitar.
Objetivo formativo: Ajustarán sus deseos adecuadamente dilucidados.
Tiempo: quince minutos
Materiales: papel, lápiz, pizarrón y marcador.
Roles: alumnos o personas que intervienen, coordinador(a), secretario(a).

Pasos:

1˙—**Por sorteo** se forman grupos de seis a ocho integrantes.

2˙—**Cada participante** expresa lo que aprecia de un saber hacer que por difícil de realizar valora.

3^˙—**En orden**, cada quién anota esas habilidades y saberes hacer tanto para hombres y para mujeres

4˙—**Reflexión grupal en torno a lo siguiente**: ¿Quién ejemplificaría las habilidades extraídas? ¿Cómo han cambiado las habilidades y saberes hacer de las mujeres que trabajan? ¿Y de los hombres en las diversas edades?

5˙—**Reflexión grupal sobre**: los sistemas educativos y formativos, así como de la cultura en relación a las cualidades y saberes hacer valuados por el grupo.

Dinámica 6.1.3 Dinámica nivel de las misiones de las organizaciones: Los perfiles organizacionales

Fundamentación

Hay actividades organizadas—dos o más individuos—cuyos resultados o funciones valen para la sociedad: las misiones de las organizaciones. Son las actividades colaborativas e instituciones valiosas: producen bienes públicos y privados, de modo que nos agrada y valuamos la creación y organización de instituciones (organizaciones) que cumplen esas funciones. Por ejemplo, una empresa de comercio exterior, produce divisas, lo cual apreciamos; o un hospital es un centro de solución de los problemas de salud. Se busca el consenso sobre los diseños institucionales apreciados en la sociedad por los bienes públicos y privados que producen. Las instituciones amplifican el ejercicio de las prácticas y de los saberes hacer; y los saberes hacer, las prácticas crean a las instituciones. Las organizaciones tienen una misión que se tratará de estimar comparativamente.

Mecánica de la actividad: premiando los servicios a la comunidad y a la nación

Objetivos de contenido: se extraerá la lista de las organizaciones e instituciones que se consideran valiosas por el grupo por su función.

Objetivo formativo: auto comprensión y jerarquización grupal de los las preferencias organizacionales, y de misiones de las instituciones.

Objetivo formativo: Ajustarán sus deseos adecuadamente dilucidados.

Tiempo: quince minutos.

Materiales: papel, lápiz y pizarrón, rotafolios.

Roles: Roles: alumnos o personas que intervienen, coordinados(a), secretario(a).

Pasos:

1¨—**Por sorteo** se forman grupos de seis a ocho integrantes.

2¨—**Cada participante** reflexiona sobre las organizaciones existentes o que pudieran existir en un contexto real, y anota cuáles de las misiones de las organizaciones aprecia más. El o ella en particular; procuran establecer una jerarquía.

3˜—**En orden,** cada quién expresa su lista de preferencias, las cuales son anotadas en un rota folio o pizarrón.

4¨—**Reflexión grupal en torno a lo siguiente:** ¿Qué se valora más en nuestro contexto real en cuanto a las organizaciones posibles? ¿Cómo difiere cada participante con respecto a lo que la cultura aprecia de las misiones de las instituciones?

5¨—**Reflexión grupal sobre:** La diferencia entre regiones del país; entre naciones y culturas.

Dinámica 6.1.4 Nivel de los valores universales Los perfiles utópicos

Fundamentación

Se postula que los valores son: universales, atemporales, tienen un "deber ser" implicado y forman constelaciones.

Toda sociedad que resuelve el problema de la integración y el desarrollo tendrá muy probablemente estos ideales: Verdad, consecución de la abundancia, justicia, belleza. Las sociedades que no resuelven el problema de la integración y el desarrollo no alcanzarán socialmente a descubrir estos valores universales.

Hay constelaciones de ideales o utopías que se relacionan con el logro de una nación en su permanencia e integración y que en la sumatoria de naciones que lo logran, se crea una comunidad internacional de la misma naturaleza ideal. Se hablará, por tanto, de las ideales universales: conceptos sustantivados, fines inalcanzables. En nuestro diario batallar nos sirven como banderas, no de patrias reales, sino de utopías soñadas. Los grupos buscarán ahora extraer ese consenso sobre ideales universales.

<u>Mecánica de la actividad</u>: Refundación de las Naciones Unidas

Objetivos contenidos: Se extraerá la lista de los valores universales y atemporales que sean como el ideal de la sociedad y de la sociedad internacional.

Objetivo formativo: Comprenderá que entre las personas como entre las naciones, alcazar el nivel de los ideales universales abstractos, es el punto de llegada de la evolución moral personal y el inicio de la vida en comunidad de alto desarrollo humano.

Tiempo: media hora.

Materiales: papel y lápiz, pizarrón; marcador y rota folio.

Roles: Roles: alumnos o personas que intervienen, coordinados(a), secretario(a).

Pasos:

1"—**Por sorteo** se forman grupos de seis a ocho integrantes.

2"—**Cada** participante expresa cuales son los ideales sociales más abstractos que guían a la sociedad; y los anota (cuatro o cinco).

3^"—**En orden**, cada quién muestra al grupo sus ideales y cómo se relacionan. Se constata cuáles son los ideales más frecuentes; y los grupos en que aparecen juntos ideales más frecuentemente.

4"—**Reflexión grupal en torno a lo siguiente:** ¿Es posible lograr esos ideales? ¿Qué se opone o qué obstaculiza que se logre cada ideal en particular? ¿Qué condiciones se deben dar antes de que se realice cada ideal?

5"—**Reflexión grupal sobre:** ¿Cuáles son las sociedades—naciones-en los que se ha materializado en mayor grado cada ideal? ¿Qué explica que estas sociedades lo hayan logrado y otras no? ¿Cuáles son los principios que debería impulsar la Organización de las Naciones Unidas (ONU)?

Nota bibliográfica

Rodó, José Enrique. *Ariel* Ed. Porrúa, México,2000, permite adentrarse en una interpretación de la afinidad entre lo bello ético y lo estético.

Scheller, M, *El Puesto del hombre en el Cosmos*, Losada, Buenos Aires. 1939. Es una fuente de reflexión sobre los valores imprescindible.

El estudio de la ética de la Dra. García Alonso es importante para entender la visión realista perenne de la filosofía ética. Ver: García Alonso, Luz, *Análisis de casos* Ed. JUS México, 1999. Un enfoque contemporáneo de la ética en México y América Latina está en Guerrero, Luis. *Ética en la sociedad contemporánea*. Lectura de Humanidades núm. 4 ITESM CCM, 1997

Palabras finales

Algo se debe hacer en aras de la transformación de la cultura política de los adultos y la formación de los jóvenes en la democracia liberal, en la idea de la sociedad abierta a fin de lograr congruencia de las actitudes y prácticas con el formato institucional de la democracia participativa. Ello favorecería el desarrollo integral. Es grave por traumático, y a la postre obstáculo a la evolución general de las personas y de la sociedad, un resurgimiento del autoritarismo y la conversión de los ciudadanos en meros súbditos, casi soldados.

Se ha propuesto como medio para generar ciudadanos intelectual y éticamente activos la educación basada en la discusión de los grandes temas con el uso de la enseñanza basada en preguntas y repuestas por medio de actividades grupales. Será entonces realmente otra la discusión en los medios y en los espacios públicos; subirá el nivel educativo general de la población y eso cambia todo.

Como temas de discusión a fin de lograr emerger esa mentalidad acorde con las nueva realidad política y social, se propuso reflexionar sobre la existencia de la nación mexicana, sus factores esenciales y sus crisis históricas. Se invitó a reflexionar sobre las relaciones sociales de amistad y los vínculos entre géneros y entre generaciones. Por cuanto a la política se invitó a revisar el esquema constitucional mexicano de organización política del Estado mexicano y se dieron algunos pasos en teorizar sobre la evolución política de México con miras al futuro, finalizando con un análisis de la cultura política y cívica de los mexicanos. Por otra parte, para acercarse a la realidad latinoamericana, se tomó como uno de los extremos de realidades sociopolíticas producto de una revolución, la fenomenología cubana; y en el otro extremo también revolucionario a la fenomenología chilena; estudios que de su discusión grupal surgirían elementos para la reflexión comparativa que es la mejor forma de hacer ciencia social. Por último, se invitó a la reflexión ética desde el esquema de los valores.

Los estudiantes y los líderes de las comunidades académicas cuando desarrollan su propia formulación conceptual, cuando teorizan, logran evolucionar más la comunidad y más rápido que con la actividad de meros receptores de las ideas y teorías de otras latitudes. El conocimiento de las antologías y de textos y ediciones que son novedades no debería inhibir la propia reflexión conceptual, con ánimo de descubrimiento, no de mera recepción. La actitud de teorización propia, acaso ligeramente soberbia, aún sabedora de déficit, atrasos y de que no se decubre el hilo negro en el contexto mundial, tarde que temprano dará más frutos para las comunidades académicas que la saturación por ideas importadas. La **mayéutica** y las actividades de aprendizaje facilitan, al hacer nacer las ideas y concepciones propias, el proceso de teorización original. En un campo análogo, vale más una poesía o un cuento propio, que asimilar toda la poesía y narrativa torrencialmente producida que está en boga; lo segundo mata y seca; lo primero reverdece y vivifica.

Apéndice general

Formas generales de propósito didáctico y modelos de actividades de aprendizaje

* Transmisión de información: modo informativo simple.

* Habla orientada a generar convicción sobre principios ciertos: modo de didáctica de las ciencias exactas.

* Cambio de visión o modificación mental teórica acerca de ideas causales plausibles: didáctica de las ciencias sociales.

* Discusión con motivo práctico: debate para la toma de decisión.

* ndicación y ejemplo con prácticas: modo de entrenamiento práctico (coucheo).

* Discusión orientada a que el interlocutor haga algo: un cambio de actitud propenso a la acción: didáctica de las humanidades.

* Aprendizaje y comprensión de grandes temas, por medio de preguntas y respuestas: método de **la mayéutica**.

Bibliografía general

Alfonso Hernández, Carmen R., *100 preguntas y respuestas sobre Cuba*. La Habana, Ed. Pablo de la Torriente, 1996.

Almond Gabriel y James Coleman, *The politics of developing areas*, Princeton University Press, 1980.

Campa Homero y Orlando Pérez, *Cuba: los años duros*, Plaza & Janés, 1997

Almond, Gabriel & Verba, Sidney, *The Civic Culture, Political Attitudes and Democracy in Five Nations*, Princeton University Press, 1963.

Baptista Mariano, *Latinoamericanos y Norteamericanos*, Ed. Monte Avila, Venezuela, 1990.

Balló, Jorge, *"Fidel Castro"* en *Forjadores del mundo contemporáneo*, Ed. Planeta, 1994. T.4.

Bendix, Reinhard, *Estado nacional y ciudadanía*, Buenos Aires, Amorrortu, 1974.

Boissevain & Mitchel, *Network Analysis Studies in Human_Interaction*, Boissevain & Mitchel Eds. La Haya. 2003.

Brading, A. David, *Octavio Paz y la poética de la historia mexicana*, México, FCE. 2003.

Díaz Serrano, Jorge, *México: cuatro crisis de su historia*, México, Nueva Visión, 1986.

Campa, Homero y Orlando Pérez, *Cuba: los años duros*, México, Ed Plaza & Janés, México, 1998.

Careaga, Gabriel, *"Cuba era una fiesta"*, en *Los espejismos del desarrollo*, México, Océano, 1986, Pág. 151—161.

Castaños, Fernando, et. al., *Los mexicanos de los noventas*, México, IIS-UNAM, 1994.

Castaños, Fernando, et. al., *La Reforma Electoral y su Contexto Sociocultural*, México, IIS-UNAM—IFE, 1996.

Cordera Rafael (compilador), *México Joven*, México, UNAM, 1996.

Corneliuos, Wayne, *"Politics in México"*. En *Comparative Politics Today: A World View"*, Eds. Gabriel A. Almond and G. Bingham Powell, Jr. 6ta ed. 1996, pp. 493-455.

Cosío Villegas, Daniel, *El sistema político mexicano*, México, Joaquín Mortiz, 1982.

Craig, L. Ann and Cornelius, Wayne A. *"Political culture in Mexico: Continuities and Revisionist Interpretations"*. En *The civic culture revisited, an analytic study*, General Editors, Gabriel A. Almond, James Coleman & Sidney Verba. Little, Brown and Company, Boston-Toronto, 1980, pp 325-393.

Díaz Serrano, Jorge, *México, cuatro crisis de su historia*, México, Mayaqui, 1889.

García Alonso, Luz, *Análisis de casos*, México, JUS, 1999.

García Márquez, Gabriel, *Noticia de un secuestro*, México, Diana, 1997.

García Reyes, Miguel y María Agudelo de Latapí, *Ajuste Estructural y Pobreza*, Pág. 121 a 168; Fondo de Cultura Económica/ITESM-CCM, 1998.

Guerrero, Luis, *Ética en la sociedad contemporánea*. Lectura de Humanidades núm. 4 ITESM CCM, 1997.

Friedman, Milton, *Capitalism and Freedom*, Chicago, University Press, 1962.

Hansen, Roger, *La política del desarrollo mexicano*, México, Siglo XXI, 1971.

Hernández Baqueiro, Alberto. *Elementos formales para un análisis ético*. Lecturas de Humanidades núm. 5 ITESM CCM, 1997.

Hernández Medina, Alberto, et. al., *Cómo somos los mexicanos*, México, CREA, 1987.

Huntington Samuel, *El orden político en las sociedades en cambio*, Buenos Aires, Paidós, 1999.

Kahl, Joseph A., *The Measurement of Modernism: A Study of Values in Brazil and Mexico*, Austin, University of Texas Press, 1968.

Lewis, Oscar, *Antropología de la pobreza*, México, FCE, 1969.

Lipzet, Seigmur Martin, *The first new nation*, Chicago, University Press, 1962.

Lynch, John. *"Los orígenes de la nacionalidad hispanoamericana"* en *Las* revoluciones hispanoamericanas, Barcelona, Ariel, 1976.

Lynch, John, **"El balance"** en *Las revoluciones hispanoamericanas*, Barcelona, Ariel, 1976.

Lucie-Smith, Edward, *Arte Latinoamericano del siglo X*, Londres, Destino. Tames and Hudson LTD, 1994.

Mayer, Eugenia (coordinadora), *Los sentimientos de la nación*, México, LV Legislatura de la H. Cámara de Diputados, 1994.

Moulian, Tomas, *Chile Actual, anatomía de un mito*, Santiago, Arcis, 1998.

More Jr., Barrington, *Los orígenes sociales de la dictadura y de la democracia*, Barcelona, Península, 2000.

Paz, Octavio, *Posdata*, México, Siglo XXI, primera edición, 1970.

Paz, Octavio, *Tiempo Nublado*, México, Océano. 1990.

Pérez Correa, Fernando, "**La hora de la razón**", en revista *Vuelta* núm. 220, marzo 1995.

PNUD (Programa de la Naciones Unidas para el Desarrollo), Cap. 1 *"El desarrollo humano en la era de la mundialización"*; sección.3 *"El trabajo de atención: el corazón invisible de la economía mundial"*. *Informe sobre el Desarrollo Humano1999*, *sección.4* *"Medidas adoptadas en el plano nacional para que la mundialización funcione en pro del desarrollo humano"*; y sección 5 *"Reinventar la estructura de gobierno mundial en pro de la humanidad y la equidad"*.

Pye, Lucian, W., *Political Culture and Political Development*, Edited by Lucian W. Pye & Sideney Verba, Princeton, New Jersey, Princeton University press, 1965, pp. 3-27.

Rawls, Jonh, *A theory of Justice*, Cambridge, Harvard University Press, 1971.

Reyes Heroles, Federico, *"Los valores de los mexicanos"*, en revista *Vuelta*, núm. 214. P.48.

Rodó, José Enrique. *ARIEL*, México, Porrúa, núm. 87, 1983.

Romeu Adalid, Gabriel, *Tópicos sociológicos sobre la familia y el trabajo de la mujer*, México, Ediciones Pedagógicas, 1996.

Romeu Adalid, Gabriel. *Literatura sobre la cultura política del mexicano captada en encuestas*, Inédito, 1997.

Rouquié, Alan, *"¿Qué es Latinoamérica?"*, En: **América Latina. Introducción al Extremo Occidente, México,** Siglo XXI, 1989.

Sartori, Giovanni. *Parties and Party Systems: a Framework for Analysis*, Cambridge University Press, 1976.

Scott E., Robert." Mexico: *The Estabilished Revolution*". En *Political Culture and Political Development*. Edited by Lucian W. Pye &

Sidney Verba, Princeton, New Jersey, Princeton University press, 1965, pp 127-180.

Segovia, Rafael, *La politización del niño mexicano*, México, Colegio de México, 1969.

Skidmore, Thomas E. Y Smith Peter H. *"La transformación de América Latina Contemporánea (década de 1880 década de 1990)"*, pp53 a 74 En: *Historia contemporánea de América Latina. América Latina en el siglo XX;* España, Grijalvo, 1989.

Sullivan, Edward, *Arte latinoamericano del siglo X*, Madrid, Nerea, 1996.

Tamés, Enrique, *Para entender mejor el arte*, Lecturas de Humanidades núm. 3. ITESM CCM 1997.

Woldenberg, José, *Los Valores de la Democracia*, México, Cuadernos del IFE núm. 1, México, 1998.

www.ingramcontent.com/pod-product-compliance
Lightning Source LLC
Chambersburg PA
CBHW020258290526
45784CB00003B/1292